Mons. Constantino Maradei Donato

"Puedo caminar descalzo,
porque no he sembrado espinas".

P. Daniel Albarrán

Título Original:
Mons. *Constantino Maradei Donato: "Puedo caminar descalzo, porque no he sembrado espinas".*

Autor: P. Daniel Albarrán.

Diseño de Portada: P. Daniel Albarrán
Configuración y edición: P. Daniel Albarrán

-- Escrito en 1989, con motivo de los 50 años (Bodas de Oro) de sacerdocio de Mons. Constantino Maradei.
-- Texto enriquecido en julio-agosto del año 2013.

Depósito legal: lf-08120132002862
ISBN: 978-980-12-6785-0
Publicado en lulu.com (ISBN de lulu.com en la contraportada).
ISBN de lulu.com: 978-1-304-58354-

Material fotográfico facilitado por:

- Pbro. Oscar Matute;
- Hermanas del Colegio Mons. José Humberto Paparoni, de Barcelona;
- señor Rafael Delgado del Diario El Tiempo de Puerto la Cruz.
- Hector Rebolledo (sobrino de Mons. Maradei).

## PRESENTACIÓN Y OTROS DETALLES ÚTILES DE CUANDO SE ESCRIBIÓ ESTE LIBRO:

"*Aún cuando es muy temprano para escribir sobre Mons. Maradei, considero, sin embargo que siempre ha sido oportuno resaltar la figura y la obra de los hombres que han pasado haciendo el bien; y que nunca es temprano hablar de ellos, pues es lógico aprovechar los recuerdos frescos de la memoria en los días inmediatos de sus partidas, y no después de muchos años, cuando haya escasez de recuerdos vívidos, y cuando haya menos personas que puedan ubicar a los personajes mentalmente. Aunque, en el caso de Mons. Maradei, sus libros escritos ya le han permitido la perpetuidad de su recuerdo*". Esta nota se hacía para publicar el presente trabajo en la revista CIHEV[1]. Por eso, se decía que, tal vez, sería muy temprano el intentar escribir sobre Mons. Maradei, cuando se publicó. Pero es necesario precisar, así, algunos detalles respecto al título escogido para este libro; como también, algunas de las circunstancias en las que se escribió.

### *Respecto al título del libro:*

Sin embargo, me propongo aquí, hacer un intento de reconocimiento de su obra y de su persona con el título un tanto sugestivo de *Mons. Maradei: ¡un «tronco» de Obispo!* Se sabe que ya puede llamar la atención el puro titulo, al que se le podría objetar de antemano ser provocativo. Tal vez. Más no debemos olvidar, que no necesariamente el hecho de que una persona sea sacerdote, en cualquiera de sus tres órdenes, tenga por ello, todas las condiciones para ser una buena persona, o lo que es más rico todavía, «*buena gente*». Ya que los ingredientes naturales para ser buena gente no los da nadie, ni el cargo, ni las responsabilidades, ni mucho menos los títulos, sino la misma sensibilidad y apertura humanas que

1 Después, este material se publicó con el título *Mons. Mararadei: ¡Un tronco de Obispo!*, en la Revista CIHEV (Centro de Investigaciones de Historia Eclesiástica Venezolana), Año 6, Número 10, Enero-Junio de 1994, pp. 83-113; bajo la dirección, administración y redacción del Instituto Universitario Seminario Santa Rosa de Lima, Caracas, Venezuela; comisión asesora: Excmo. Mons. Diego Padrón Sánchez, Pbro. Carlos Rodríguez Souquet; R. P. Hemrnana González Oropeza S.J. Pbro. Juan C. Solano Pérez.

hace que la persona sea sencilla, amante de lo sencillo y tenga una preferencia especial por el valor mismo de la persona humana como tal, sin importar condiciones y otros mil obstáculos que solemos colocar por sobre la persona misma.

En el caso de Mons. Maradei hay sobrados elementos para darle el bellísimo titulo de «*buena gente*». Por eso hemos titulado este trabajo como se ha titulado porque en Mons. Maradei se dan muchos elementos para clasificarlo con el apelativo "*tronco de Obispo"*; es decir, el hombre sensible por la persona humana. Eso, en el caso de la publicación hecha en la Revista CIHEV, que llevaba el título que se le había colocado desde un comienzo, y que podría sonar, tal vez, un poco fuerte y hasta provocativo; y en el título de ahora, para esta publicación se ha colocado la frase que el propio Mons. Maradei utilizara en la celebración de sus 50 años de sacerdocio, y que al fin y al cabo, es la misma impresión de "*buena gente*", o de "*tronco de Obispo*" (en el sentido venezolanístico de hablar, por supuesto); pues sólo "*puede caminar descalzo*", aquel que sabe que no hay espinas, o vidrios, o clavos, o de algo que le pueda perjudicar en el camino que va a transitar. Precisamente, porque está seguro que el camino está limpio, en lo que a esa persona respecta. Sabe que ha hecho el bien y nada le perturba, ni le reclama.

## ***Respecto a las circunstancias de cuando se escribió el libro:***

Es importante hacer algunas anotaciones respecto al libro. Así, lo primero que hay que decir es, que la idea de escribir sobre Mons. Maradei surgió a raíz de sus cincuenta años de sacerdocio, celebrados en el año 1989. Mons. Maradei tenía 74 años de edad. El Comité Pro-fiestas de sus Bodas de Oro se mostró muy interesado en esta iniciativa, y se hizo todos los contactos posibles para la publicación de un trabajo que se había escrito. El mismo Mons. Maradei había leído el trabajo y había hecho algunas correcciones, y se había mostrado agradecido por el detalle; aunque sugirió esperar que se publicara después de su muerte, ya que según él, es incomodo escribir sobre un personaje que aún vive, pues puede traer muchos inconvenientes, para quien escribe, como de quien se escribe. Pero se mostró respetuoso y agradecido, igualmente, por el detalle del que se le iba hacer en vida.

Sucedió por entonces la famosa revuelta popular del 28 de febrero, obligando a cambiar las cosas, desde la que se comenzó a experimentar, que de hecho, Venezuela era otra. Al poco tiempo de iniciar Carlos Andrés Pérez su segundo período presidencial, tuvo lugar entre los días 27 y 28 de febrero de 1989 un estallido masivo y sorpresivo de violencia popular. Se había presentado al país el famoso "paquete económico", con la subida del precio de la gasolina, y esto desencadenó una furia en las calles, llamado como "el caracazo".

La gente empezó a tener más hambre que antes, y la crisis económica se comenzó a verificar en las caras de los que menos poseían para vivir. Entonces hubo una sugerencia en el Comité Pro-fiestas de las Bodas de Oro de Mons. Maradei. La propuesta era, que en vez de celebrar el almuerzo para los invitados en el hotel donde se tenía programado, que se hiciera en otro lugar más sencillo, de acuerdo con la situación del país y conforme al pensamiento del mismo Obispo, según se desprendía de su libro *Justicia para mi pueblo*, y de otros muchos artículos suyos de la misma línea. Tal propuesta originó una discusión larguísima en el Comité. Intereses de todas las partes implicadas salían a relucir muy sutilmente, sin olvidar, los políticos pues en ese mismo año se haría la primera elección popular de gobernadores; y allí se hallaba uno que aspiraba a este cargo por segunda vez. La persona que había hecho la propuesta había puesto como condición, de que en el caso que se aprobase en el hotel que se había programado, renunciaría al cargo de secretario del Comité, retirándose del mismo; y alegaba que la situación del país no estaba para unos lujos tales, y menos aún, por parte de la Iglesia. Fue larga la discusión. Y se aprobó, después de tantos tiras y empujes, que se haría como se había programado. Entonces renunció y se retiró el secretario, y se impuso como castigo, con mil pretextos, por parte del Comité la suspensión de la publicación del trabajo sobre Mons. Maradei. El propio Obispo había llamado al exsecretario del Comité Pro-Bodas de Oro, y que era también su secretario y Canciller, para conversar y le dijo que tenía razón en su planteamiento, y que le agradecía que pensara de esa manera porque se trataba de ser fiel a lo que se pensaba, y que, igual le agradecía que defendiera su propia postura en la línea del pensamiento social de la Iglesia; pero que en el caso presente, había que hacer una excepción, ya que vendrían muchos Obispos a esa su celebración, y como era lógico, no podía llevarlos a comer a una tagüara o arepera. Que se trataba de los invitados, y que se pensara en ese detalle. Igualmente, le agradecía que defendiera su pensamiento de su libro *Justicia para mi pueblo*. Y, ya, ese detalle de ese diálogo entre Mons. Maradei y su secretario, en esas circunstancias, es un elemento de resaltar de su personalidad.

Y, ahora, en el año de la Fe, propuesto por el Papa Benedicto XVI, en el documento Porta fidei, la Conferencia Episcopal Venezolana, ha tomado la iniciativa de publicar trabajos de algunos personeros de la Iglesia, para resaltar, precisamente, a los que han hecho historia en la Evangelización de la sociedad venezolana. Y es cuando se da el momento para publicar el trabajo (o republicar), escrito en 1989, sin quitar, prácticamente nada, por considerar su total vigencia. Por el contario, se le da algún que otro retoque al añadir algunas pinceladas con los muchos aportes del Papa Francisco, muy por el mismo estilo de Mons. Maradei. Porque hasta se parecen, en esa apertura humana. También se añade un pequeño aporte en relación a la experiencia de diálogo que se da en la parábola del Hijo pródigo, y algunos otros añadidos que se han ido haciendo para ser fieles al realce del personaje, sin caer en la adulación, como lo decía el mismo Mons. Maradei; pero, sin caer tampoco en el olvido y en el silencio de lo que tanto se lamentan en los salmos, a los que todos estamos sometidos del después de la muerte.

Una última nota previa respecto a este libro. Y es sobre que no abarca todo en detalle sobre la vida de Mons. Maradei, como su "tiempo de vida y milagros", como se dice en lenguaje coloquial, de párroco; e igual de cómo cuando Obispo de Cabimas, y de los primeros años de Obispo de Barcelona. La tarea de este trabajo no es esa línea de la biografía, muchas veces fría de la historia de la acumulación de datos, que son importantes, ciertamente. Se dan, sin embargo, algunos datos muy elementales de toda biografía. La tarea en este caso, que es la de recoger la experiencia de cuatro años vivida con Mons. Maradei, siendo su secretario-canciller, de entre 1986 a 1990, que ya es más que suficiente, para dibujar lo que en este libro se hace a grandes y rápidas pinceladas. Se deja la otra tarea, para la crónica de las Diócesis donde estuvo Mons. Maradei, e igual de las respectivas parroquias. Y para este libro, lo que a continuación se hace, y que como buenos cristianos, antes de empezar una actividad, vamos a hacerla "*EN EL NOMBRE DEL PADRE, Y DEL HIJO, Y DEL ESPÍRITU SANTO. AMÉN*", sobre todo el lector, que justamente ahora está comenzando a hacer la acción de leer este libro, porque ya el autor hizo la suya, que fue escribirla. Y, como diría Cantinflas, en sus películas: "*Ya de aquí en adelante...pues todo es tarea de Dios...y que Dios nos agarre a todos confesados*", porque "*ahí es donde está el detalle...mi chato o mi chata*", pues todo depende de quien lea y de quien interprete, o las dos cosas juntas.

## ALGUNOS DATOS BIOGRÁFICOS

### *Precisión del punto de partida:*

Cuando queremos hablar de una persona que nos es querida, muchas veces, decimos cosas, que siendo del todo naturales llevan la nota específica de la exageración; y, las más de las veces, sin darnos cuenta, caemos en presentar como extraordinario lo que no pasa de ser simple y sencillo. Así, partiendo de una buena intención llagamos a magnificar los acontecimientos y las vidas de quienes queremos hablar.

Al empezar el presente trabajo hay a tener en cuenta ese detalle: no poner más de lo que una vida normal tiene. Insistiendo, por supuesto, en las obras grandes que una persona puede hacer, pero teniendo como brújula la objetividad y la llaneza de los acontecimientos mismos. Y sirva el Evangelio de San Lucas como nuestro modelo a seguir desde el comienzo, cuando al hablar de Jesús niño dice que: "*Y el Niño crecía y se fortalecía, llenándose de sabiduría; y la gracia de Dios estaba sobre Él*" (Lc. 2,40), justo después de la presentación en el templo, para repetir otra vez la misma afirmación después de la pérdida del niño en el templo (Lc. 2, 52); y para hablar ya propiamente de Jesús desde el Bautismo por Juan en el Jordán. Esos famosos años oscuros, nos lleva a evitar las exageraciones de un niño Jesús, "*que crecía normalmente*" (cfr. Lc. 2.40-52), y que en el caso de Mons. Maradei, no puede ser la excepción. Ya San Lucas nos da las pautas.

Quizás se peque, al respecto. Pues muchos pretenderán escuchar y leer cosas extraordinarias; pero no olvidemos que si una vida es extraordinaria, lo es simplemente, porque es simplemente natural, como la de cualquier otra persona, que es lo que teologiza San Lucas en el caso del Jesús niño. En esto consiste la diferencia de los grandes hombres de la historia, que es que siendo como cualquier otro, sin más ni menos, se distinguen por la intensidad peculiar con la que han pasado por el mundo, dejando, por consiguiente sus huellas, que mas tarde se encarga la historia de recoger. La madre Teresa de Calcuta, decía: "*Seamos fieles en las cosas pequeñas, porque ahí estará nuestra fortaleza. Miremos el ejemplo de la lámpara que arde con el aporte de pequeñas gotitas de aceite, y sin embargo da mucha luz. Las gotitas de aceite de nuestras lámparas son las cosas pequeñas que realizamos diariamente: la fidelidad, la puntualidad, las palabras bondadosas, las sonrisas, nuestra actitud amorosa hacia los demás.*"

Con este punto de partida se da el primer paso, que es el de dar algunos datos biográficos sobre Mons. Maradei. Se corre, sin embargo, el peligro de ser demasiado subjetivos u objetivos (*ahí está el detalle*, según Cantinflas) al evitar el extremo de mezclar el aprecio, el cariño y el agradecimiento, del que ya son muestras el presente trabajo.

## *Datos biográficos elementales:*

Mons. Constantino Maradei Donato nace en Ciudad Bolívar, el día 09 de diciembre del año 1915. Hijo de Domingo Maradei y de Lucía Donato de Maradei.

Comenzó sus estudios en la Escuela Narciso Fragachán, de Ciudad Bolívar.

El 30 de septiembre del año 1928, ingresó al Seminario Interdiocesano de Caracas. Allí, entre otras cosas, se desempeñó como ayudante de electricidad para los servicios internos del Seminario, según nos manifestó él mismo en algunas tertulias. En el Seminario Interdiocesano estudió Filosofía.

Del el año 1935 al año 1942 fue enviado al Colegio Pío Latino Americano a estudiar Teología, siendo el alumno número 1751 del Colegio, y el venezolano número 50, que realiza sus estudios desde esta sede romana[2] . Obtuvo el Doctorado en Teología Dogmática en la Pontificia Universidad Gregoriana de Roma, con la tesis «*Los salmos en la vida y en los escritos de San Agustín*». Así, fue el primer doctor en Teología en Venezuela, después de la Constitución Apostólica sobre la reforma de Seminarios y Universidades.

2 Cfr. Daniel Albarrán, *Historia de los Pío Latino Venezolanos hasta 1992*, publicado en la Revista CIHEV, Centro de Investigaciones de Historia Eclesiástica Venezolana, Año 3, No. 6, Caracas, enero-junio de 1991; dirección, administración y redacción: Instituto Universitario Seminario Santa Rosa de Lima, Caracas, Venezuela; comisión asesora: Excmo. Mons. Diego Padrón Sánchez, Pbro. Carlos Rodríguez Souquet; R. P. Hermana González Oropeza S.J. Pbro. Juan C. Solano Pérez.

Se ordenó sacerdote, el 08 de abril de 1939, por manos de Mons. José Humberto Quintero, mas tarde el primer Cardenal de Venezuela; y celebró su primera misa solemne en la Basílica de Santa María La Mayor, llamada Santa María de las Nieves, en honor a la Patrona de Ciudad Bolívar, su ciudad natal.

Regresó a Venezuela en el año 1942. Fue nombrado por Mons. Mejías como Teniente Cura de la parroquia de Cantaura, gobernada por Monseñor Rafael María Villasmil, quien lo promoviera al Seminario, y guiara su vocación.

Más tarde fue nombrado organista y maestro de la Capilla de la Catedral de Ciudad Bolívar; párroco de la Catedral; párroco de Soledad; y, después Cura vicario de la parroquia de San Simón de Maturín, hasta la creación de la Diócesis de Maturín. Fue profesor en el Liceo Peñalver de Ciudad Bolívar, en el que también fue director del Orfeón.

En el año de 1955 salió al Instituto de Fort Slocum de Nueva York, siendo así de entre los primeros sacerdotes preparados en Capellanía Militar en Venezuela.

Fue Secretario de Cámara y Gobierno durante el episcopado de Mons. Mejías. Fue delegado del Excmo. Sr. Administrador Apostólico, Críspulo Benítez Fontúrvel, y, Gobernador Eclesiástico de la Diócesis de Ciudad Bolívar, antes de la llegada del nuevo Obispo, Mons. Juan José Bernal Ortiz, quien lo nombra Vicario General y Deán del Capitulo Metropolitano de Ciudad Bolívar.

Desde 1957 era prelado doméstico de su Santidad. En Ciudad Bolívar fue miembro fundador y Presidente de la Liga Antituberculosa.

Fue presidente de la junta Pro Bicentenario de Ciudad Bolívar, en la que desplegó una gran labor de escritor de historia, particularmente sobre Ciudad Bolívar. A raíz de esta labor lo nombran Miembro correspondiente de la academia de la Historia, por el estado Bolívar.

Fue director y fundador de la Revista «*Demos*» y Director de la Gaceta Eclesiástica de Ciudad Bolívar.

### *Obispo de Cabimas:*

El 29 de agosto de 1965 fue consagrado Obispo y nombrado como el primer Obispo de Cabimas, tomando posesión de la Diócesis el 04 de septiembre del mismo año, donde se especializó en la organización de las parroquias; y sostuvo una columna en el Diario Panorama de Maracaibo llamada «*La voz de la Copaiba*».

### *Obispo de Barcelona:*

El 21 de diciembre de 1969 es nombrado como tercer Obispo de la Diócesis de Barcelona. Desde allí fue Presidente por dos periodos consecutivos de Liturgia de la Conferencia Episcopal Venezolana, y, Presidente de la Comisión de Educación de la Conferencia Episcopal Venezolana.

Desde Barcelona desplegó una gran labor de escritor.

Entregó la Diócesis al cuarto Obispo de Barcelona, Mons. Miguel Delgado Ávila, en diciembre de 1991. Murió el mes siguiente, en enero de 1992, en Caracas.

### *Libros escritos:*

- Luz en tu sendero.
- La FE DE mi pueblo.
- La fe de mi iglesia.
- Catecismo Católico.
- Justicia para mi pueblo.
- El Sínodo de los Obispos.
- Vida del Cardenal José Humberto Quintero.
- Vida de Don Tulio Febres Cordero.
- La pastoral rural en Puebla.
- Venezuela: La Iglesia y sus Gobiernos.
- Hombres en la pasión de Cristo.
- Mujeres en la pasión de Cristo.
- Trabajo y vida y vida del trabajo.
- Historia del Estado Anzoátegui.

- La Catedral de Barcelona.
- Don Fernando del Bastardo y Loaiza.
- Evangelizadores en América.
- Tu enemigo la droga.
  - Catecismo de la Teología de la Liberación.
  - La libertad religiosa en El Libertador «Simon Bolívar»
  - Eucaristía para los niños.
  - Declaración sobre la libertad religiosa en el Vaticano II (Comentarios).
  - Devocionario popular «Cristo de José».
  - Bolívar, gobernador católico.

### *Artículos escritos:*

Son muchos los artículos escritos por Mons. Maradei, ya para revistas, ya para periódicos. Solo citamos algunos:

- Una serie de artículos sobre el optimismo publicados en el diario «La Religión », en Caracas.
- Dos artículos sobre la Virgen del Totumo, patrona de Anzoátegui, publicados en la Revista «Familia Cristiana», en el año 1988.
- Biografías de algunos héroes del Oriente Venezolano, publicadas en la Revista «Politeia» de la Escuela de Policías Región Nor-oriental Insular y de Guayana.
- Muchos artículos publicados en el Diario «El Tiempo», de Puerto la Cruz, y otros periódicos del país.

### *Condecoraciones:*

- Cruz de la Fuerza Aérea, segunda clase.
- Orden José Antonio Anzoátegui, primera clase.
- Policía Metropolitana de Caracas.
- Barra del Mérito de las Fuerzas Armadas de Cooperación.
- Medalla «27 de junio», primera clase.

- Medalla de oro de periodismo.
- Medalla «Distrito Tomás de Heres», Ciudad Bolívar.

## SU ASPECTO HUMANO

Los hombres de gran personalidad suelen tener varias facetas que hacen que sean como de una edición especial. Por el lado que se les mire, resultan interesantes, porque son múltiples las cualidades y los aspectos positivos que los adornan.

En el caso de Mons. Maradei, sucedía prácticamente lo mismo. Por el lado que lo observáramos descubríamos como una fuente de cosas buenas que daban como ganas de estar siempre a su lado disfrutando de su amistad, aún cuando no dijera nada, mas si abría la boca para amenizar la relación.

### *La primera impresión:*

La primera impresión que podíamos hacernos de él, era la de una persona de trato duro y carácter difícil. Influía en esta impresión su voz gruesa y decidida a la hora de decir algo. Siempre daba la impresión que estaba de mal genio o disgustado. Casi todos los que lo conocieron por referencia, o de trato superficial se han quedado con esta imagen y hasta lo clasifican entre los gruñones. Pero cuado se le empezaba a tratar un poco más que de la simple referencia o del saludo a distancia, se descubría en él la riqueza de su personalidad y el trato dulce, paterno y amigo, a través de su imponente figura que se refugiaba en una voz fuerte y que no dejaba de ser pura apariencia, aunque a veces hacia uso de ella.

La nota característica de Mons. Maradei era su sencillez. Tenía en su haber el hablar con soltura el inglés, el francés y el italiano, además de conocer el alemán y el portugués. Bonachonamente él mismo decía que hablaba cinco idiomas, y además de ellos, decía, hablaba «monte» (es un eufemismo para no repetir la palabra que él usaba), y sacaba de esto un chiste en los muchos de su abundante repertorio, que era también otra de sus notas características en su rica personalidad.

### *Su sentido práctico de la vida:*

Respecto a la conversación diaria solía utilizar muchos refranes populares para resolver cualquier situación difícil. Tal vez podamos recordar al Quijote cuan-

do reprendía a su fiel escudero Sancho Panza, porque éste solía hablar con dichos y refranes populares. El Quijote veía como de poca cultura y preparación el que se usara refranes en la conversación. Y quienes hayan conocido a Mons. Maradei, tal vez hayan constatado que para cada situación y circunstancia tenía siempre a la mano un refrán, precisamente, porque los refranes son el resultad de una sabiduría popular, que no porque sea popular sea de poco valor. Al contrario, son como la formula o pastilla que resume y contiene un potencial de sabiduría, sabiamente popular. En el caso de Mons. Maradei sus refrenazos lo hacían más simpático.

Así podemos recordar muchas anécdotas entre sus sacerdotes. Una vez un sacerdote, por ejemplo, quería comprar un carro que le estaba vendiendo un colega suyo. El carro era una camioneta Ford del año 1969 (la compra se iba hacer el año 1978). El sacerdote como quería hacer todas las cosas en regla, fue a exponer la idea a Mons. Maradei. Este después de escucharlo detrás de su escritorio lleno todo de libros y de papeles escritos a lápiz piedra, que era su gusto, le contestó al sacerdote con el siguiente refrán sin decir mas: «*Cuando Dios quiere un castigo para una familia, le manda un carro viejo*». El sacerdote (que al estilo de la escritura del Evangelio de San Juan, era el mismo autor, cuando se auto refería) comprendió de una vez la respuesta negativa del Obispo y rompió en una carcajada ante la sabiduría de aquella respuesta, que lo decía todo, sin gastar muchas palabras.

En su faceta de bonachón dejaba impreso en los acontecimientos diarios su carácter práctico y realista, no sin elevarse y vivir también de ilusiones como lo hacía el Quijote, en su afán de hacer el bien, aunque a veces las cosas le salieran no como él creía que eran. Mons. Maradei con su apariencia imponía respeto, mas con su sencillez a la hora de trato se ganaba el cariño. Su mirada a veces era distraída, pero no se le escapaba ningún detalle de su alrededor. Su mirada era interesante y reflejaba la bondad paternal de su corazón. Sus ojazos dejaban traslucir la ternura disimulada que guardaba en la apariencia de un gruñón.

### ***Su capacidad de humillarse:***

Otra anécdota.

Contaba el Secretario-canciller que un día Mons. Maradei le llamó fuertemente la atención por la pérdida de una carta que tenía que enviar al Ministerio de Fomento. La carta se había extraviado, supuestamente, en la oficina del secretario. Después de buscar por todas partes y de no hallarse, el Obispo perdió la paciencia y estalló contra su nuevo secretario, que veía que el mundo se le venía abajo. Sin embargo, éste objetaba que nada sabía de la carta desde el día anterior, y que ese día ni siquiera la había visto en su escritorio, ya qué él mismo se la había llevado a la oficina del Obispo. No había otra salida que redactarla de nuevo, como de hecho se hizo. Cuando el secretario llevaba más de la mitad de la conflictiva carta se acercó el Obispo a pedirle disculpas por haberle levantado la voz. El secretario soltó la carcajada conmovido por la actitud de grandeza y de humildad al mismo tiempo de su Obispo. *"¿Quién es el secretario* -- se decía -- *para pedirle pedón? El Obispo es el Obispo, y aun cuando se equivoque, no necesariamente tiene que rebajarse a pedir perdón"*. Sin embargo, lo había hecho.

Esta anécdota muestra la grandeza de corazón de aquel Obispo septuagenario humilde y capaz de reconocer sus errores y de rebajarse a pedir perdón. Muchos hombres así de seguro que obligarían que las cosas fueran distintas pero esto es fruto del Evangelio.

No podemos dejar de pasar por alto un famoso refrán suyo que repetía con mucha frecuencia en los momentos en que quería ironizar de las amistades, sobre todo cuando veía que habían intereses en las amistades, en concreto cuando veía que era objeto de las visitas de los candidatos políticos o hasta del mismo gobernador del Estado. Solía decir y aún delante de ellos mismos: «*Cuando veas a un negro y a un blanco en compañía, o el blanco le debe al negro, o es del negro la comía*», para querer decir, que siempre el negro tenía todas las de perder. Y si venían a buscarlo era porque algún beneficio pretendían. Y estaban utilizando la figura del Obispo, para ganar puntos a sus favores. De ahí el refrán.

Día de la ordenación del P. Oscar Matute

### ***Su amor por el clero:***

Es importante, igualmente, resaltar que Mons. Maradei siempre defendía a sus sacerdotes.

No hacía caso, y respondía mal cuando alguien le llegaba a mal poner a cualquier miembro de su clero. Solía decir que muchas personas se amparaban cobardemente en eso de que «*la gente dice*», para regar calumnias y crear mala fama de las personas. Cuando alguien le llegaba con eso de que «*la gente dice*» le contestaba que él no conocía a nadie que se llamara «gente». Y, que si la gente estaba diciendo, eran mentiras porque quien andaba diciendo era quien llevaba el chisme. Salía con los platos rotos quien quisiera ganar puntos al respecto.

En este punto se podría decir, que Mons. Constantino Maradei, era totalmente de la filosofía de José Ortega y Gasset, al parafrasear del filósofo que los otros, la gente, es un sujeto impersonal, indeterminado, es el puro otro, el que no es nadie. La gente es un yo irresponsable, el yo de la sociedad, o social. He sustituido el yo mismo que soy en mi soledad por el yo-gente. Me he hecho "gente". En vez de ser mi auténtica vida me la desvivo alterándola. Son dos modos de la vida: la soledad y la sociedad. El yo real, auténtico, responsable. Y el yo irresponsable, social, el vulgo, la gente[3].

El "yo de la gente", no era más que una artimaña para hacer daño. "La gente dice", no era más que una bajeza de la persona que utiliza ese mecanismo defensivo para hundir a otro, con su propia bajeza y maldad. Mons. Maradei era muy duro con ese tipo de gente, aún cuando fuera sacerdote el que llegara con ese recurso. Y le llegaban.

Para él era muy importante su clero, y nunca perjudicó a nadie en concreto. Al contrario, siempre los defendía. En ese sentido nunca archivó nada en contra de nadie de su clero. Prefería deshacerse de papeles poco dignos de archivo. Se podría decir, que era un adelantado a los tiempos, en estos aspectos ya que en los actuales momentos el Papa Francisco viene insistiendo a los Obispos, al decir a los Obispos italianos en la profesión de fe con los Obispos de la Conferencia Episcopal Italiana, en la Basílica Vaticana, el jueves 23 de mayo de 2013, que: "dejemos de lado todo tipo de presunción, para inclinarnos ante quienes el Señor confió a nuestra solicitud. *Entre ellos, reservemos un lugar especial, muy especial, a nuestros sacerdotes: sobre todo para ellos que nuestro corazón, nuestra mano y nuestra puerta permanezcan abiertas en toda circunstancia. Ellos son los primeros fieles que tenemos nosotros Obispos: nuestros sacerdotes. ¡Amémosles! ¡Amémosles de corazón! Son nuestros hijos y nuestros hermanos".*

Y, en cuanto al sustento de sus sacerdotes, siempre les buscaba intenciones de Misa, ya a través de la Secretaria de Estado del Vaticano, ya a través de sus Obispos amigos de Estados Unidos; y nunca negó una ayuda económica a cualquiera que se hallará en apuros para sobrevivir en las diferentes parroquias de toda la geografía nada fácil del Estado Anzoátegui. Muchos sacerdotes venían, sobre todo los de algunas parroquias difíciles económicamente a pedir intención de misas al señor Obispo. A veces el mismo Obispo, llamaba por teléfono a tal o cual sacerdote, para preguntar cómo se las arreglaba para comer, y les ofrecía las tan

3 Cfr. José Ortega y Gasset, *En torno a Galileo (esquema de las crisis)*, en la sección donde habla de las convicciones que sostienen cada generación, y que son las ideas que imperan en un período de tiempo...

famosas intenciones de misas, que eran realmente, una gran ayuda. Muchos sacerdotes se beneficiaban de ese detalle de Mons. Maradei.

En ese mismo sentido, es importante no dejar pasar por alto, las gestiones que Mons. Maradei hacía para conseguir camionetas usadas, pero en buen estado, con la petrolera, sobre todo de Anaco. Había allí un diácono permanente, el señor Miguel Vásquez, que servía de intermediario en esa concesión de carros usados.

### *Mons. Maradei y la aplicación del "diálogo" que se da en la parábola del hijo pródigo:*

En esta sección añadida, y que no estaba cuando se escribió el libro en el año 1989, quiero colocar un descubrimiento personal bíblico-teológico en la parábola del hijo pródigo[4]. Y hacer la conexión de ese descubrimiento personal con Mons. Constantino Maradei, en quien se repiten y se dan todos los elementos de la parte de la parábola, que aquí se va a aplicar.

### *No delega responsabilidades:*

El evangelio de San Lucas, apunta desde un comienzo en ese recurso literario, que el padre, una vez que el hijo menor le pidió la parte de la herencia que le correspondía, el padre "*les repartió la herencia*" (cfr. Lc. 15, 12). Ya en ese detalle hay una característica importante del padre: él mismo realiza la acción de la petición del hijo menor. No dice que el padre mandó que les repartiera la herencia. Pudo haber encargado a un criado o a un empleado. Pero, por lo que se desprende, lo hizo él mismo. ¿Por qué no delegó funciones en otro, pudiendo hacerlo; total, no era el dueño y el jefe? Ese elemento es necesario resaltarlo.

Eso en el primer caso, en el mismo comienzo de la parábola.

Porque esa misma característica se mantiene en todo el resto de la parábo-

---

Cfr. Bajo el título "*Hijo, tú siempre estás conmigo, y todo lo mío es tuyo...*" (Lc. 15, 31), se dio un retiro espiritual a un grupo de sacerdotes en Caripe del Guácharo, (15-19 de noviembre de 2010); y después publicado como libro bajo el título *Parábola del Hijo pródigo: Hijo, tú siempre estás conmigo, y todo lo mío es tuyo...*" (Lc. 15, 31), en Editorial Credo Ediciones, Deutschland, Alemania, 2012.

la. Así, cuando el evangelista dice que "*estando él todavía lejos (el muchacho menor que se había ido), le vió su padre y, conmovido, corrió, se echó a su cuello y le besó efusivamente*" (Lc. 15, 20). Fue el propio padre quien vio al hijo. De ahí se puede desprender que estaba atento y que estaba vigilante. Pero, no dice que había puesto un vigía, o a un empleado para que estuviera pendiente de avisarle, o que le

trajera noticias de alguna posibilidad de regreso del hijo que se había marchado. Podía haberlo hecho. Pero no delegó esa tarea. La asume como suya. Eso en el caso de estar mirando por si regresaba. Era su tarea. Era su hijo.

Aquí hay un elemento teológico que ilumina: toda embajada y toda comisión entre el Padre y el hijo, es antiteológico. La parábola nos está dando algunas pautas interesante.

En ese gesto, ya está la misma característica del viejo: de no delegar, ni de crear embajadas, ni de que otro haga lo que él tiene que hacer, aun pudiendo crear esas estructuras de mando y de administración de su finca.

Se reconfirma lo que ya es su característica. Dice el evangelista que "*conmovido, corrió*" hacia donde estaba y venía el hijo que se había ido, y de quien estaba pendiente por si regresaba (cfr. Lc. 15, 20); y ahora que regresa, sale a su encuentro. Pero sale con un objetivo claro. Ese objetivo es recibirlo como a su hijo, en expresión de padre desesperado y gozoso de su regreso. Y vuelve a resaltarse la misma característica, al decir que "*se echó a su cuello y le besó efusivamente*". Tampoco delega, ni crea una comisión de bienvenida ni de recibimiento. Él mismo recibe, y él mismo es el jefe de protocolo. No crea intermediarios.

Va directamente él mismo. No es necesario un formulismo ante la experiencia de la alegría del hijo que regresa, y que no se disimula que se estaba deseando que así fuese. Y manda a hacer fiesta. Ya en esa parte sí delega. Pero ya es un añadido que parte de su experiencia afectiva y de emociones, en contra de toda frialdad racional y del deber ser ante la ofensa del hijo, y el posible debilitamiento de la autoridad del padre, como jefe de familia. Eso no cuenta. Lo que cuenta es el afecto, y todo él, lleno de emociones.

Vuelve a repetirse el sello de su personalidad en el Padre en el resto de la parábola.

Y, ahora, se trata de ir a conversar y a dialogar con el hijo mayor. Aquí tampoco crea comisiones, y podía hacerlo, porque podría alegarse que él estaba muy contento y muy ocupado en lo del recibimiento del hijo que había regresado.

Las comisiones, como en el primer caso, hubiesen dilatado las cosas, además de crear distanciamientos. Entonces, se hubiesen creado más heridas. Eso daría ocasión a llevar razón de que *el padre dijo que*, y *el padre quiere que*; e, igualmente, a llevar razón de parte del hijo mayor, *que dice y dijo que*, o *quiere que se haga de esta o de aquella forma*. Eso hubiera entorpecido las relaciones. Y no era necesario. Por eso, el mismo padre sale a conversar de tú a tú; sin más, ni más.

No son necesarios los intermediarios.

Es de notar, que esa misma característica del viejo, la heredan los dos hijos. La llevan en los genes. Así en el hijo menor, cuando pide la parte de la hacienda que le corresponde (cfr. Lc. 15, 12), no manda delegaciones. Va él mismo y pide, dando la cara. También cuando va a trabajar para no morirse de hambre, después que se le acaba toda la fortuna (cfr. Lc. 15, 15). Y, cuando regresa a la casa, el muchacho tampoco manda delegaciones, ni de paz, ni de negociaciones. Va él mismo. Da la cara (cfr. 15, 17-21).

Otro tanto, sucede con el hijo mayor. No crea delegaciones para protestar a través de intermediarios. Protesta él mismo, de manera directa (cfr. 15, 27-32).

Eso lleva a pensar muy bien de esa familia. Eran frontales. Daban la cara. Además, de sobreentenderse el hecho de la experiencia del diálogo que se vivía en ella. Hay aquí una reminiscencia teológica referida al libro del Génesis, cuando en ese libro se afirma, en fórmula de fe, que dijo Dios: "*Hagamos al ser humano a nuestra imagen, como semejanza nuestra, y manden en los peces del mar y en las aves de los cielos, y en las bestias y en todas las alimañas terrestres, y en todas las sierpes que serpean por la tierra. Creó, pues, Dios al ser humano a imagen suya, a imagen de Dios le creó, macho y hembra los creó*" (Gn. 1, 26-27). En una perfecta comunicación frontal. Por eso se da la experiencia del Jardín del Edén. Lo contrario, es lo contrario (la expulsión del Jardín (cfr. Gn. 1, 2), con su respectivo "*rechinar de dientes*" (cfr. Mt. 8, 12; 13, 42-50; 22, 13 ; 24, 51; 25, 30; Lc. 13, 28).

En el caso del hijo mayor, el evangelista recalca que "s*u hijo mayor estaba en el campo*" (cfr. Lc. 15, 15). Se podría decir, aplicando la línea teológica del libro del Génesis, que haciendo la voluntad del Padre; es decir, en el Jardín del Edén. Por eso es que el evangelista coloca que el Padre sale a hablar con el hijo mayor, que estaba haciendo su voluntad, y se hallaba en el Jardín del Edén, y se de un tú a tú, como Jesús (el Hijo) con su Padre (el Padre de la parábola).

¿No será ese el diálogo teológico que ilumina cada paso del proceso del hombre con Dios? Si es así, entonces, es una maravillosa experiencia de diálogo implícita en la parábola del hijo pródigo, que en ambos casos se da de manera directa, clara, diáfana y transparente. El hijo menor, es el hijo menor. Y el hijo mayor, es el hijo mayor. Cada uno conserva su rol. Y el padre, es el padre. Sin interferencias, ni conveniencias, más que las que da la experiencia filial y de familia. Lo demás no se da en la lección de la parábola.

A este punto y alturas de la parábola, podríamos pensar, como referencia de acción contraria y de intermediarios, las excusas y artimañas del Rey David, en el caso de Urías el Hitita, en relación con toda la historia de huida y de no enfrentamiento, y de no dar la cara (2 Samuel 11-12), y de existencia de segundas intenciones, que en el caso de la parábola no se dan. Por eso se dan los diálogos en toda ella, por parte del padre con sus dos hijos, en momentos y circunstancias distintas. Podría, también colocarse como intermediarios los defensores de Dios, en el caso del libro de Job[5], y que Dios no los había colocado para que lo defendieran; ya que Dios no busca abogados, quedando, por el contrario, muy mal parados (cfr. Jb. 42,

5 Cfr. Carl Jung, *Respuesta a Job*; Daniel Albarrán, *Los zapatos de Job.*

7-9).

Son muchos los elementos que van surgiendo, sin duda.

Así, otro sería que el padre siempre anda solo, y no acompañado. Igual los dos hijos. No dice que andaban en grupos. Andaban solos. Ese elemento parece útil de señalarlo, aunque nos tienta a buscar elementos en la misma Biblia, para comprender más ese detalle, y hacer la diferencia de una acción en grupo, de una acción individual (de la personalidad del grupo, o de la mayoría, y de la personalidad del individuo responsable de sus actos; como la responsabilidad de una influencia de grupo en relación a una decisión despersonalizada por ser la del grupo, que sería como anónima, en cierta manera); pero, quedémonos con la inquietud, por ahora, como referencia de posible contenido teológico y antropológico, como se dijo, pues no hay separación, según las Encíclicas Redemptor hominis, Dives in misericordia, y Dominun et vivificantem.

### *No dilata en la espera:*

Se desprende, igualmente de la misma parábola, que no deja para después lo que tiene hacer ya. Para el día siguiente, o para otro momento, podría traer graves consecuencias, en un posible distanciamiento en la relación paterno-filial.

Y en el caso de Mons. Maradei, se daba ese elemento de ser frontal, como en la experiencia del Padre con sus dos hijos, en sus respectivas situaciones y circunstancias. A veces, se oía en su oficina la voz fuerte del Obispo que peleaba verbalmente con algún sacerdote. Por lo general, era un contrapunteo, porque su manera de ser permitía que se le pudiera llevar la contraria; y a veces, se oía ese refutar y contra-refutar que se da en un diálogo directo y sin intermediarios. Al poco rato, salían el Obispo (Mons. Maradei) y el sacerdote con quien se había dado las diferencias y los motivos del galerón oriental; es decir, el jaleo verbal y de diferencias entre Padre-Hijo, y se dirigían a la cocina de la Casa Episcopal, a tomarse un café, que en regañadientes les preparaba la señora María, la hermana de Mons. Maradei, que también se gastaba un genio Maradei, porque los genes se heredan. Pero, igual se tomaban el cafecito, porque en medio de sus refunfuñadas, la señora María, igual hacía el café, además de saludar respetuosamente al sacerdote con quien iba el Obispo en esa u otra ocasión.

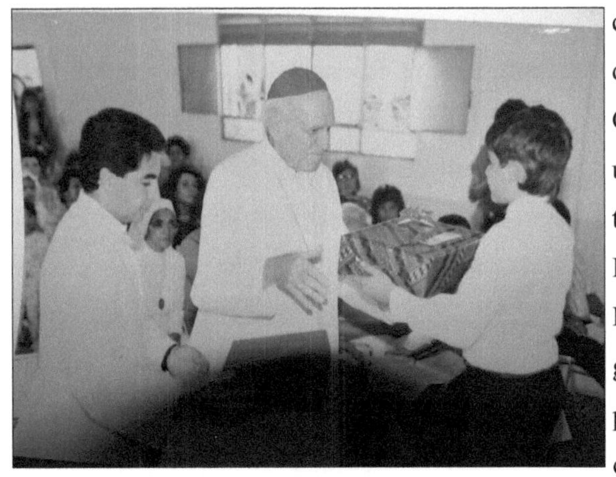

Esa manera de ser frontal, era otra de sus características.

No había de qué temer al Obispo. Había con él la capacidad de diálogo. Y las cosas no tenían segundas intenciones, o reacciones distintas de las inmediatas dadas en ese encuentro personal.

Los sacerdotes sabían a qué atenerse, porque las cartas se barajaban todas en la mesa del diálogo. Lo que se hablaba; se hablaba. No había después, cosas para después, ni para el suspenso. Y eso era caridad en su más pura quinta esencia. Tal vez, porque se estaba adelantando a los tiempos; o quizás, porque la vivencia del Evangelio lo hacía estar en sintonía en el decir del Papa Francisco, en la experiencia del "*reservemos un lugar especial, muy especial, a nuestros sacerdotes: sobre todo para ellos que nuestro corazón, nuestra mano y nuestra puerta permanezcan abiertas en toda circunstancia. Ellos son los primeros fieles que tenemos nosotros Obispos: nuestros sacerdotes. ¡Amémosles! ¡Amémosles de corazón! Son nuestros hijos y nuestros hermanos*".[6]

## *Sus paquetitos de comida para la gente todas las semanas:*

Otro elemento que no podemos olvidar es este su aspecto humanitario. Mons. Maradei hacia todas las semanas un mercado de aceite, de harina pan, de fideos, de atún y de otras pequeñas cosas para dar siempre a la gente. Todas las semanas solían venir las mismas personas a llevarse su mercadito. Sabíamos que no era gran cosa lo que les daba pero la gente solía agradecerle ya que la situación en Barcelona no es nada fácil en la adquisición de alimentos por la carestía de los mismos y por la escasez de trabajo. Eso por un lado. Y, por otro, que hay gente "*que se las echa al hombro*", como se dice.

Muchos sacerdotes, sobre todo uno que nunca veía nada bueno en Maradei, le criticaban a Mons. éste ritual semanal. Igual él le daba a la gente su paquetito. Y él mismo se encargaba, muchas veces, de llenar las bolsas, y hasta de ir en su propio carro a buscar el aceite o la harina pan. El secretario canciller por ese entonces, de entre 1986-1990, hizo de chofer varias veces a hacer esas vueltas y diligencias.

Igualmente sucedía con ropa que traía de Estados Unidos cada vez que iba. Cada vez se traía varias cajas de ropa que se encargaba de recoger de entre la gente de las parroquias donde iba a pasar todos los años un mes de descanso, para repartirlas a la gente que lo esperaba siempre con alegría. En este aspecto de su actividad y personalidad, transcribo una carta suya, de fecha 27 de noviembre de 1989, dirigida abiertamente a algunos importantes de la ciudad. La carta después del destinatario tiene unas rayas, sobre las que colocaría a mano sus respectivos destinatarios.

Dice:

---

6 Profesión de fe del Papa Francisco con los Obispos de la Conferencia Episcopal Italiana, en la Basílica Vaticana, el jueves 23 de mayo de 2013.

*El Obispo de Barcelona*
*Venezuela*

*Barcelona, 27 de noviembre de 1989*

*Sr. Dr.*

______________________________

*Sus manos.-*

*Amigo:*

*Perdone el papel. Lo hago sólo por razones prácticas. Son sólo dos palabras:*

*Reparto con frecuencia algunas bolsas de alimentos. Eso lo hago con el dinero que me dan los párrocos en la Campaña "Compartir". La mala situación obliga a la gente a pedir mucho, máxime en Navidad.*

*Le envío este librito del Padre Ramón Oliva. Es interesante e importante, tiene explicaciones de términos que algunas veces la gente olvida. Él ha cedido la edición a los pobres.*

*Si Ud. puede enviar algo de dinero o comida para los necesitados, su nombre quedará escrito en el libro de la vida.*

*Que Dios Padre sea su luz, que el Hijo sea su amor y el Espíritu su verdad.*

*Amigo que lo estima y lo quiere:*

*Mons. Constantino Maradei D.*
*Obispo de Barcelona*

### *Su apostolado de «la recomendación»:*

Parece mentiras pero hay muchas maneras de hacer apostolado. Algunos mas sonoros, y otros mas silenciosos, pero igualmente eficaces, o hasta más. Es el caso de «*las recomendaciones*» para buscar trabajo, o para buscar algún cupo de estudio, o par satisfacer otro menester humano. Tal vez muchos se sorprenderán que esa actividad sea un apostolado. Pero hay que comprobar lo eficaz que es una simple carta con unas simples líneas de presentación por parte de un Obispo.

Mons. Maradei en este sentido fue un consagrado del apostolado de «*la recomendación*». Si alguien necesitaba una carta de recomendación para trabajar y acudía a Mons. Maradei, no quedaba defraudado. Siempre se la hacía, y siempre lo recomendaba *encarecidamente*. Esa era la expresión que utilizaba en sus cartas-recomendación. En muchos de los casos les concedían los trabajos.

¡Cuánta gente humilde que llegaba a pedirle una carta de recomendación! ¡Y cuántas cartas diarias que se hacían, así Mons. no conociera a las personas que llegaban a pedirle el favor! Lo hacía con mucho gusto, aunque muchas veces comentaba al secretario que no veía la importancia de una carta suya, pero que sabía que muchas personas le daban mucho peso a una carta del Obispo.

En esta experiencia de la carta-recomendación, hay una anécdota vivida, que vale la pena contar. Y es que un día se acercó un señor de unos 30 años, a pedir una carta al Obispo. La historia con la que el hombre fue, era que tenía una hija enferma, que en esos momentos estaba en Caracas, y que necesitaba de una operación de una pierna, pues había nacido con problemas. La carta que solicitaba del señor Obispo era que hiciera una presentación del caso de la niña, con nombre y apellido, hija del señor solicitante y presentado en la carta, y que "*se agradecía toda la ayuda que se pudiera prestar en gesto de solidaridad humana y cristiana*" en tal circunstancia. La carta iba dirigida "*a toda persona de buena voluntad*". La carta fue redactada en esos términos. La firmaban el Obispo y el secretario-canciller, porque así lo había sugerido el mismo Obispo, para que tuviera más peso y efecto. Firmada y sellada. O sea, que con todas las de peso, porque un sello pesa, y más dos sellos juntos.

El hombre se fue con su carta. El Obispo y su secretario, más que contentos por la obra buena recién realizada; tal como si fueran un par de boy scouts que terminaban de hacer su buena acción del día, como recomienda los manuales de esa agrupación y organización.

Al cabo de un mes; tal vez, mes y medio, se volvió a presentar el hombre.

Esta vez se había acercado a dar las gracias, porque todo estaba saliendo muy bien. Pero, que necesitaba otra carta en el mismo estilo, porque la pierna de su niña requería otra intervención de quirófano. Esta vez, el hombre se volvió a ir con su carta. Y Obispo y secretario, más que contentos de ser tan útiles en tan momento preciso y justo.

A los dos meses siguientes, se volvió a presentar el hombre. La niña iba sanando y su mejoría era evidente, según palabras del hombre. Pero faltaba otro poquito más. Y, como era lógico, otra carta.

En los día siguientes, el Obispo y secretario hablaron del caso de la niña y del hombre, y se les enterneció a cada uno su corazón, y querían tener noticias de cómo iría todo.

Por esos mismos días, una buena mañana el secretario-canciller recibe una llamada telefónica, porque en su múltiple trabajo también hacía de recepcionista. Al otro lado del auricular, el que llamaba saludó respetuosamente, y después de presentarse como el doctor fulano, solicitó hablar con el señor Obispo, y dijo el nombre y el apellido del Obispo. El señor Obispo no estaba en esos momentos en la curia, pues estaba en sus ajetreos de pastoral en alguna parroquia, sobre todo en la administración del sacramento de la Confirmación, que es a lo que más va un Obispo a cualquier parroquia; o a la misa principal de las fiestas patronales de algún que otro pueblo, para darle más caché a las fiestas patronales. Y ese día el propio párroco come bueno y bien, porque el resto del año, las cosas son como son. Aunque sea una vez al año.

El doctor, mientras tanto, preguntó al secretario-canciller que si tenía conocimiento de una carta de fecha tal, de recomendación abierta de un señor tal, en función de un caso de una niña...y explicó el caso. El secretario emocionado preguntó por la situación y quiso saber detalles. La sorpresa estaba, y que era el motivo de la llamada, era que no existía tal caso de tal niña. Y que el hombre en cuestión, portador de la carta, era un vividor, y se estaba aprovechando de la carta, pues estaba yendo de médico en médico y de algunos comercios de la ciudad, para recoger ayuda económica. La tal niña no existe – dijo-- y el caso tampoco. Los llamo para alertarlos – dijo – y se están valiendo de ustedes.... El doctor se comprometió a volver a llamar para hablar con el propio señor Obispo, y dejó su número de teléfono y su nombre y nombre de la clínica donde trabajaba. El número de teléfono era de un CANTV; porque los celulares, para ese entonces, solo existían en la serie del Súper Agente 86, cuando Get Smar en la cabina de teléfono hablaba desde un zapato, pero se agachaba para que no lo vieran.

A los dos días, cuando el señor Obispo estaba en las oficinas de la curia diocesana, el secretario-canciller fue a conversar con el señor Obispo.

--- ¿Mons. Se acuerda del caso del señor y de la niña de la operación?

--- Si... Si... Siiii. ¿Qué pasó? ¿Cómo sigue la niña? – preguntó Mons. Maradei.

Y el secretario-canciller le contó lo de la llamada y lo del doctor. De hecho, el Obispo conocía al doctor. Sorpresa de sorpresa. El Obispo dijo lo que dijo, y se puso al aviso, para la próxima visita del hombre.

No pasó una semana, y el hombre se volvió a presentar en las oficinas de la Curia.

--- Mons. Ahí está el hombre de la carta y de la niña – le anunció su secretario.

Y, Mons. Maradei, de un salto se levantó de su silla de oficina y salió directamente al pasillo, donde el hombre estaba muy orondo...

Y, solo les cuento, que el hombre salió como hombre perseguido por una jauría de perros bravos... más asustado y pálido que muerto de tres días, y sin mirar para atrás, para no ver que lo que le venía encima. Mons. Maradei, con su vozarrón característico lo amenazó con meterlo preso por estafador, y le agradeció que se retirara cuanto antes, de que las cosas se pusieran más feas... "*Váyase pal'callao, pa'que vea negro con diente de oro*", fue el refrán que utilizó en ese momento.

No se podía olvidar este elemento de su manea de ser, y de su afán de hacer el bien.

### *Cada cosa en su lugar:*

Otra anécdota vivida, y ahora contada.

Un personaje de la sociedad anzoatiguense y que había desempeñado cargos políticos, era muy amigo suyo, de Mons. Maradei. También era muy amigo del párroco de una de las parroquias del sur del Estado. No es necesario que se digan los nombres y los lugares. Puede hacerse como Cervantes en su obra el Quijote, y sea suficiente con decir, que "*en un lugar de la Mancha, de cuyo nombre no quiero acordarme, no ha mucho tiempo que vivía un hidalgo...*", para contar lo que se quiere.

El caso es que este "*hidalgo*", cada vez que iba a visitar a su amigo párroco del lugar que no se dijo, iba a la curia diocesana y aprovechaba para llevarle la correspondencia que pudiese tener en la curia, su amigo. También le llevaba, de vez en cuando, algunos ejemplares del formulario de "Expedientes Matrimoniales", o formatos de Fe de Bautismo. El señor Obispo le daba la orden a su secretario-canciller, y éste procedía a ejecutar "*el mandado*". Y todo era santa armonía.

Un día de tantos y de los muchos, el referido "caballero", fue a la curia diocesana, a hacer su acostumbrado ritual. Estaba saliendo para el pueblo a visitar a su familia, y de paso, le daría una vuelta al párroco. Esta vez no estaba el señor Obispo. Y, como era lógico, le correspondía al secretario-canciller ejecutar la iniciativa, de la petición de "papeles de parroquia" acostumbrado. La sorpresa fue que el secretario-canciller se negó rotundamente a dar algunos de los formularios de "expedientes matrimoniales", que era lo que quería llevar esta vez. A pesar de todos los alegatos, la negativa se mantuvo, y no le tocó de otra que irse sin encomiendas para el pueblo.

No pasada esa semana, el señor Obispo estaba en la curia.

Mons. Maradei, cuando tuvo la oportunidad fue a hablar con su secretario-canciller. Lo que significaba que ya estaba enterado de todo con lujo y detalles. Fue, entonces a hablar con su secretario. Y, por un lado, le dijo que debió haberle dado los mencionados "expedientes matrimoniales", que era lo que estaba representando la manzana de la discordia, por decirlo de alguna manera; y que no era, ni manzana; ni discordia; pero si el motivo de la conversación en esa oportunidad. Y, por otra parte, felicitó al secretario-canciller, pues se trataba de poner orden. Mons. Maradei, le dio en esa ocasión las gracias a su secretario, porque cada cosa tenía que estar en el lugar que corresponde, y por muy amigo suyo que fuera el hidalgo y caballero de este cuento, él no podía ir a la curia a dar órdenes o a disponer. Hasta podría decirse que se estaba diciendo y reconociendo que, "*cada loro en su estaca*".

### ***Cada cosa en su tiempo y lugar:***

Ahora, pasemos a otro día, de otro de los muchos que tiene el trajinar de la vida y de la rutina y cotidianidad.

Había reunión de clero, ese día del que ahora se quiere contar.

Sea dicho, porque no se ha dicho y sea la oportunidad para decirlo, que las reuniones de clero en los tiempos de Mons. Maradei, eran una experiencia muy enriquecedora. Se podía opinar y se podía llevar la contraria, si cualquiera de los presentes consideraba que debía y podía hacerlo. Se vivía un poco la experiencia del disenso, y se experimentaba, que no por ello habría la aplicación del "*te espero en la bajadita*", como dice en nuestro refranero venezolano. Tal vez, ya se vivenciaba la diversidad de la que habla el Papa Francisco, cuando dice que el Espíritu Santo, aparentemente, crea desorden en el Iglesia, porque produce diversidad de carismas, de dones; sin embargo, bajo su acción, todo esto es una gran riqueza, porque el Espíritu Santo es el Espíritu de unidad, que no significa uniformidad, sino reconducir todo a la armonía. En la Iglesia, la armonía la hace el Espíritu Santo. Es el Espíritu Santo el único que precisamente crea la armonía. Sólo Él puede suscitar la diversidad, la pluralidad, la multiplicidad y, al mismo tiempo, realizar la unidad. En cambio, cuando somos nosotros los que pretendemos la diversidad y nos encerramos en nuestros particularismos, en nuestros exclusivismos, provocamos la división; y cuando somos nosotros los que queremos construir la unidad con nuestros planes humanos, terminamos por imponer la uniformidad, la homologación[7]...

El caso es que se estaba en reunión de clero, como tenemos dicho.

De repente salió el tema de la inquisición y de los tiempos aquellos difíciles de la historia de la humanidad, y también de la Iglesia. Uno de los que estaba presentes, y que se caracterizaba por su postura de defensa a ultranza de la Iglesia en todos los temas habidos y por haber, salió como era su costumbre a ponerse en repetir lo que se enseñaba en los seminarios, y empezó a esgrimir todo lo que sabía de lo tan trillado "*anacronismo histórico*". Obedece a una postura en la Iglesia en la llamada apologética, que es la defensa de la Iglesia a como dé lugar. Se presentó el jaleo típico en esos casos donde se evidenciaban las diferencias de opiniones.

Al cabo de un rato, como se dice para querer decir que cuando ya se acababa el tiempo, intervino de manera enérgica Mons. Maradei, para dar por terminada la discusión al decir que la inquisición es a todas-todas indefendible. Que no hay que cerrar los ojos a los errores de la historia, y mucho menos, a los errores de la Iglesia.

Por esos mismos días, el Papa Juan Pablo II había hecho referencia a la inquisición, y había dicho en España que la inquisición era un punto oscuro en la Iglesia. Y hasta en ese punto, Mons. Constantino Maradei Donato, era un adelantado a los tiempos, pues es hacia el año 1998[8], por lo menos diez años después, que el Papa Juan Pablo II venía abordando sobre la necesidad de reconocer y de pedir perdón por lo de la Inquisición, en el temario de preparación[9] de la celebración del Jubileo del año 2000, y reconocía los distanciamientos de la Iglesia de la vivencia

7 Cr. Santa Misa con los Movimientos Eclesiales, en La Solemnidad de Pentecostés, Homilía del Santo Padre Francisco, Plaza de San Pedro, Domingo 19 de mayo de 2013. Véase también el documento postsinodal del Papa Francisco, *Evangelii Gaudium.*

8 Carta dirigida por el Papa Juan Pablo II al cardenal Roger Etchegaray con motivo de la publicación de las «*Actas del Simposio Internacional "La Inquisición*", Vaticano, 15 de junio de 2004. *del pasado.*

del Evangelio, sobre todo de la imposición de la verdad por sobre el valor de la persona humana. Aunque se puede decir, en cierta manera, que el Papa Juan Pablo II, ya venía dando pasos agigantados, cuando el 9 de mayo de 1983, anunció públicamente la revocación de la condena a Galileo Galilei, que databa del año 1633[10]. Pero, si tomamos el hecho directo y concreto de la Inquisición, tenemos que decir que es el 12 de marzo del año 2000, cuando frente a la Piedad de Miguel Ángel, en un acto solemne con el Papa Juan Pablo II, se hace públicamente la petición de perdón. En esa oportunidad se hizo en acto solemne las siete peticiones de perdón. En ese acto, el cardenal africano, Bernardin Gantin, Decano del Colegio cardenalicio, comenzó pidiendo la purificación de la memoria de los cristianos; el cardenal Joseph Ratzinger, confesó las culpas de hombres de Iglesia, quienes, en nombre de la fe y de la moral, han recurrido a veces a métodos no evangélicos en su justo deber de defender la verdad. El cardenal vasco-francés, Roger Etchegaray, confesó los pecados que han dividido a los cristianos. El cardenal Edward Cassidy, reconoció los atropellos cometidos contra el pueblo de la Alianza, el pueblo de Israel. El arzobispo japonés, Stephen Fumio Hamao, hizo una confesión pública de las culpas cometidas con comportamientos contra el amor, la paz, los derechos de los pueblos, el respeto de las culturas y de las religiones. El cardenal nigeriano, Francis Arinze, invitó a pedir perdón por los pecados que han herido la dignidad de la mujer y del género humano. Por último, el arzobispo vietnamita, François Xavier Nguyên Van Thuân, pidió por los pecados que afectan a los derechos fundamentales de la persona.

La extraordinaria ceremonia[11] comenzó con un momento de plegaria en

---

9 Comisión Teológica Internacional, *Memoria y Reconciliación la Iglesia y las culpas del pasado.*

10 En el año 2009, año dedicado a la Astronomía, se publicó en Italia el volumen "*Galileo y el Vaticano*", de Mariano Artigas y de monseñor Melchor Sánchez de Toca (editorial Marcianum Press). El texto recorre la obra de la comisión de estudio del caso Galileo Galilei, promovida por Juan Pablo II desde el 3 de julio de 1981 hasta el 31 de octubre de 1992, año del 350° aniversario de la muerte de Galileo (nota hecha por Mercedes de la Torre, y publicado en Zenit, bajo el título de GALILEO Y EL VATICANO: UN CASO NUNCA ARCHIVADO, 24-04-2009).

silencio frente a la Piedad de Miguel Ángel, mostró su alcance en la homilía del Papa y llegó a su culmen en el acto de penitencia durante la plegaria universal. Era una liturgia sin precedentes por su contenido e intensidad en continuo crescendo a medida que se leía cada una de las siete culpas, se encendía una llama en el candelabro y se cantaba un "*Señor, ten piedad*".

A las siete peticiones de perdón, el Papa añadió cinco *¡Nunca más!* para el futuro de la Iglesia: ¡Nunca más negaciones de la caridad en el servicio a la verdad; nunca más gestos contra la unidad de la Iglesia; nunca más ofensas a otros pueblos; nunca más el recurso a la violencia; nunca más discriminaciones, exclusiones, opresiones, desprecio de los pobres y de los últimos! A continuación, Juan Pablo II caminó fatigosamente hacia el crucifijo y lo besó. Eran las 10.57 de la mañana de la Jornada del Perdón del Año Santo de 2000. El Santo Padre cumplía un deseo vivísimo, sentido como una obligación personal ante Dios: purificar la Iglesia en su entrada en el Tercer Milenio, como nos lo refiere y cuenta el periodista Juan Vicente Boo, corresponsal de la prensa española, al hablarnos de tan gran suceso noticioso, del año 2000.

A este punto, es importante señalar algunas cosas muy significativas que se encuentran en el documento *Memoria y Reconciliación la Iglesia y las culpas del pasado,* de la Comisión Teológica Internacional. Así, es de hacer notar que es la primera vez en la historia de la Iglesia que se pide perdón por las culpas del pasado; sin dejar de referir, por supuesto, los casos de intentos de Adriano VI, que deploraba culpas contemporáneas, precisamente las de su predecesor inmediato León X, y las de su curia, sin asociar todavía a ello, no obstante, una petición de perdón. Pablo VI, respecto a la división de la Iglesia, pide perdón a los hermanos separados de Oriente, respecto a la división; pero no a la sociedad civil. Ya el Papa Juan Pablo II venía abonando el terreno, en algunos acontecimientos históricos, como por ejemplo en el año 1992, en Santo Domingo, donde pide perdón a los indios de América Latina y a los africanos deportados como esclavos (*Mensaje a*

11 Cfr. *Juan Pablo II pide perdón, por las culpas de la Iglesia para dar al mundo un ejemplo de paz*, ROMA. Juan Vicente Boo corresponsal, 2000, Prensa Española S.A.; cfr. L'Osservatore Romano, 17 de marzo de 2000.

*los indios de América, Santo Domingo, 13-10-1992, y Discurso en la Audiencia general del 21-10-1992*); el Papa Juan Pablo II, contra los moravios, «pide perdón, en nombre de todos los católicos, por los comportamientos ofensivos para con los no católicos en el curso de la historia» (cfr. canonización de Jan Sarkander, en la República checa, 21-5-1995). Y, diez años antes había pedido perdón a los africanos por la trata de negros (Discurso en Yaoundé, 13-8-1985)[12].

Y, en ese punto tan delicado y complicado, Mons. Maradei era un adelantado a su tiempo. Sus lecturas y su apertura le agrandaban la diferencia, como sucede, cuando se está en esa dimensión, y que se granjea la incomprensión de los que no caminan a la par con los acontecimientos intelectuales, que llevan siempre a la apertura existencial.

En ese sentido de su apertura, podría decirse con toda propiedad que Mons. Maradei aplicaba en toda su dimensión la comprensión de San Agustín, por lo menos como San Agustín comienza el libro de *Las Confesiones*, con el "***Nos has hecho, Señor para ti y nuestro corazón está inquieto hasta que descanse en ti***". No en vano, Mons. Maradei era especialista en San Agustín. No se puede olvidar que su tesis en Roma se tituló «*Los salmos en la vida y en los escritos de San Agustín*».

### *Sobre la Teología de la Liberación:*

Entre los años 1980-1990, había temas que eran un tanto delicados.

Todo lo que sonara a "pobres", como con la expresión "opción por los pobres", y todos esas tipificaciones ponían a todos con las antenas alertas. Ya, para ponerse a la defensa, o para estar a la moda. Había que hablar, entonces, de la "*teología de la liberación*", con sus respectivos nombres claves como Leonardo Boff, Gustavo Gutiérrez, Jhon Sobrino, entre otros. Y hasta de la revista Gumilla, editada en Caracas por los jesuitas, era vista como contestataria. El mismo libro de Mons. Maradei, *Justicia para mi pueblo*, se podía ubicar por esa misma línea

12 Cfr. La nota 19 de *Memoria y Reconciliación la Iglesia y las culpas del pasado*

(véase página 65 y siguientes).

El último libro por entonces de Leonardo Boff, *Iglesia, Carisma y poder*, se prestaba para buenas y malas interpretaciones. Muchos lo habían leído; pero eran más los que no, y éstos eran los que más hablaban sobre el tema.

Hay temas que se ponen de moda.

Ese tema de la teología de la liberación era el tema de la moda.

Mons. Maradei no era la excepción. Era la confirmación. Y estaba escribiendo un libro sobre el tema.

Una vez terminado todo el desarrollo del libro, le había dado el material escrito a su secretario, que apenas era diácono para el momento de eso que se está contando, para que lo leyera y le diera su opinión. Éste se aventuró e hizo sus observaciones desde sus limitaciones intelectuales y de apreciación de la realidad, y cuando se sentaron a conversar sobre las observaciones, Mons. Maradei reconoció que él estaba escribiendo sobre un tema que no había leído mucho, y confesaba que desconocía en su totalidad el libro *Iglesia, carisma y poder,* de Leonardo Boff. El secretario-canciller, que sí lo había leído, le había hecho un esquema, insistiendo en la forma piramidal del poder que Leonardo Boff criticaba, y ponía su énfasis en la Iglesia de carisma, según el pensamiento paulino, y que era la propuesta del teólogo brasileño. No se podía obviar en las observaciones lo delicado del libro, que era sobre la elección popular y sobre la autoridad en la Iglesia, poniendo en peligro el sentido de magisterio de la Iglesia y de la Tradición.

El caso de lo que lo que se quiere resaltar, es el hecho de que Mons. Maradei reconociera no haber leído el libro y el autor, al que quería despellejar, como él mismo lo reconoció y dijo. Su comentario final, fue: "*hay que ver que muchas veces hablamos de cosas que no conocemos del todo*". Se estaba hablando, en este caso del tema de la teología de la liberación, y del libro de Leonardo Boff.

## *La estrella "Aldebarán" y la relación con su secretario:*

La otra anécdota que se va a referir es sobre la estrella "Aldebarán", que parecía coincidir con el apellido de su secretario, de por entonces.

Muchas veces, Mons. Maradei llamaba a su secretario con el nombre de la estrella. El secretario igual sabía que se trataba de él, y acudía cuando el señor Obispo lo llamaba de esa forma.

Un día de tantos, como se viene diciendo cuando se quiere referir "a una vez", como en forma de cuento, Mons. Maradei se percató de que el secretario no sabía a qué se refería cuando utilizaba la palabra en cuestión.

--- ¡No puede ser, que usted no sepa qué cosa es "Aldebarán"! --- le comentó el señor Obispo.

El secretario lo miró como quien se queda perplejo y con la mirada perdida sin saber de qué cosa estaba hablando. En todo caso, igual, lo tenía sin cuidado.

--- Aldebarán es una estrella --- dijo de inmediato Mons. Maradei.

Fueron pasando los días. Y de vez en cuando el Obispo volvía a llamar a su secretario, como de vez en cuando lo llamaba... con el nombre de la estrella.

Curioso el secretario, un día de otros tantos de tantos, se dio a la tarea de consultar en la enciclopedia Espasa Calpe, que el propio Obispo tenía en su oficina. Buscó para cerciorarse de la estrella. Sólo por curiosidad. La sorpresa es que no aparecía la tal palabra. Buscó, entonces, en el "pequeño Larousse", y tampoco aparecía la palabra. Por lo menos, no la había encontrado.

Como el inconsciente nos hace sus jugadas, ya en el fondo de la mente del secretario se había sembrado la duda, y tarde o temprano, se delataría respecto a lo de la estrella con tal nombre. Así fue.

Otro día, el Obispo volvió a llamarlo, como se ha dicho que lo llamaba de vez en cuando, y de cuando en vez:

--- ¡Aldebaaaaaaaaarán!

Lo estaba llamando desde su oficina, que quedaba frente a la propia oficina del secretario, en espacio abierto y con muy poca privacidad. La oficina del secretario, por supuesto; porque la del señor Obispo tenía su puerta cerrada, aunque abierta para todo el mundo...

El secretario acudió ésta vez, como todas las veces, presuroso a la voz del señor Obispo que lo llamaba, para cualquier asunto de oficina y de curia y secretaría-cancillería.

El secretario cada vez que entraba a ese tipo de llamada, hacía sonar los tacones de sus zapatos, simulando una parada firme de soldado. Mons. Maradei, a veces se reía, ante el detalle juguetón de su secretario, que le decía con ese gesto: "mande, señor".

Esa vez, no pudo faltar la parada y el taconazo de zapatos, a lo parada firme.

--- ¡Aldebarán! --- volvió a decir el señor Obispo.

Esta vez, al secretario, que ya estaba sometido al inconsciente y a su juego del que sabe y no sabe, y sabía que no existía esa palabra, por lo menos en lo que él había consultado, se le dibujo en el rostro una picardía espontánea, que el señor Obispo captó al vuelo y al instante...

--- ¡¿Quéeeeeeeeee?! ¡¿No sabe lo que significa la palabra Aldebarán?!

El secretario hizo un gesto un poco tímido y de inseguridad con los ojos, pero que decían que no... que no sabía...

Y, enseguida, Mons. Maradei, como si lo estuvieran retando a bailar el trompo, como cuando en los juegos de muchacho, había que hacer bailar el trompo porque sí...tomó la negativa de su secretario como un reto.

--- ¿Cuánto quieres apostar? --- dijo, de una vez el señor Obispo.

El secretario, mientras tanto, estaba riéndose a carcajada, sentado en la silla de color gris, que estaba en todo el frente del escritorio del señor Obispo.

--- ¡Vamos a apostar 10 bolívares! --- (en ese tiempo el bolívar-moneda, no era fuerte, pero era más fuerte porque resolvían a la hora del resuelve), fue la propuesta del señor Obispo.

Las carcajadas ruidosas e infantiles del secretario eran las respuestas, y aumentaban el entusiasmo de la apuesta del Obispo.

--- ¡Va! ¡Son diez bolívares! --- y no esperando ventaja, se levantó de un salto y se dirigió al estante donde estaba la enciclopedia Espasa–Calpe, y sacó el primer tomo, por corresponder según el orden alfabético, al ser por "A", la palabra a consultar.... "Aldebarán"...

No apareció la palabra.

El secretario seguía destornillado de la risa, y esta vez levantaba las piernas para celebrar su triunfo, como se hace en esos casos en que es imparable e insostenible el carcajeo festivo.

Ahora Mons. Maradei se dirigió a su escritorio donde tenía "el pequeño

Larousse". Tampoco aparecía la palabra. Las carcajadas del secretario iban en aumento...

--- ¡Va! ¡Son diez bolívares! --- decía el señor Obispo, seguro de su conocimiento y cultura, mientras se movía en la silla, como para organizar sus pensamientos y precisar dónde era que estaba lo que estaba buscando, y por los momentos se le había perdido...

El secretario volvió a su oficina a sus múltiples oficios. Por fin, no se supo para qué lo había llamado, porque no hubo ni encargo, ni nada...

Fue transcurriendo la mañana.

Como al cabo de otro rato de ese rato, Mons. Maradei volvió a llamar con voz en grito a su secretario. Esta vez lo llamaba, por su apellido, y ya no por el nombre de la estrella. El secretario acudió a la voz...

--- ¡Vaya a robar al llano! ... ¡Vaya a robar al llano! --- dijo Mons. Maradei, apenas entró esta vez el secretario.

Y enseguida le mostró una carta geográfica de las constelaciones, y le enseñó el nombre de la estrella "Aldebarán".

El secretario seguía riéndose. Reía al ver la espontaneidad de Mons. Maradei. Reía al ver la muchachada de aquel Obispo. Reía del momento vivido, tan bonito, y que decía tanto-tanto de aquel hombrote de apariencia y niño de corazón.

Y el secretario reía... reía... reía....

--- ¡Vaya a robar al llano! ... ¡Vaya a robar al llano!

## *Mons. Maradei y la aplicación de las ideas principales del Concilio Vaticano II:*

No se puede dejar en el olvido, la adaptación de todas las reformas implícitas en los documentos del Concilio Vaticano II, en la geografía del Estado Anzoátegui, por parte de Mons. Maradei.

La participación de los laicos, además de ser una puesta en práctica de las enseñanzas de la Iglesia que se desprenden del Concilio Vaticano II, y de sus diversos proyectos pastorales desde Río de Janeiro hasta Puebla, eran en el Estado Anzoátegui, todo un campo virgen para su aplicación. La prueba de esa realidad y aplicación, podría considerarse la Parroquia Cristo Rey, de la ciudad de Anaco. Su párroco, Mons. Mario Vásquez, sacerdote mexicano-venezolano, quien estaba en la sintonía de Mons. Maradei, era la aplicación de toda esa reforma de la Iglesia, tanto en la liturgia, como en el planteamiento de la apertura. En su manera de ver y aplicar las cosas, eran tal para cual, en toda su manera de pensar y actuar.

Es en esta parroquia de Anaco, donde ha habido la mayor participación activa y comprometida de los laicos. Los laicos, son quienes llevan la batuta en esta parroquia, siempre bajo la línea de la obediencia del párroco.

Los laicos comprometidos con todo el compromiso de misionero de la Iglesia.

Es ese empuje natural que lleva a Mons. Maradei, en la propuesta y necesidad de Mons. Vásquez, de ordenar diáconos permanentes a algunos de los laicos comprometidos. Con ello, no es más que una aplicación del mismo Derecho Canónico, al decir, que:

> 230) # 1. Los varones laicos que tengan la edad y condiciones establecidas por decreto de la Conferencia Episcopal pueden ser incorporados establemente en los ministerios de lector y acólito, mediante el rito litúrgico prescrito; sin embargo, la colación de esos ministerios no les confiere el derecho de recibir de la Iglesia sustentación o remuneración.
>
> # 2. Por encargo temporal, los laicos pueden desempeñar la función de lector en las acciones litúrgicas; asimismo todos los laicos pueden desempeñar las funciones de guía, cantor u otras, a tenor del derecho.
>
> # 3. Donde lo aconseje la necesidad de la Iglesia y no haya ministros, pueden también los laicos, aunque no sean lectores ni acólitos, suplirlos en algunas de sus funciones, es decir, ejercer el ministerio de la palabra, presidir las oraciones litúrgicas, administrar el bautismo y distribuir la sagrada Comunión, según las prescripciones del derecho.
>
> 231) # 1. Los laicos que de modo permanente o temporal se dedican a un servicio especial de la Iglesia tienen el deber de adquirir la formación conveniente que se requiere para desempeñar debidamente su función, y para ejercerla con conciencia, generosidad y cuidado.

### *Un adelantado a los tiempos:*

Es normal que todos tengan aspiraciones y proyectos en la vida, pues de eso se trata un poco el surgir. Entre los sacerdotes es muy normal que todos tengan sus propios proyectos personales. Es natural que todos quieran hacer "carrera" en la vida eclesiástica; y es, entonces, cuando algunos títulos y prebendas se busquen, como los consabidos nombramientos honoríficos como de "prelados de su Santidad", o "camarlengos", otorgados con el bonito nombre de "monseñores". Mons. Maradei, al respecto, decía que él le gestionaba ese título al sacerdote que quisiera ese nombramiento; pero que tenía que pagar 500 dólares que era lo que costaba gestionar ante la Santa Sede por esos tiempos ese beneficio. Y con ello Mons. Maradei ridiculizaba un poco a los que estaban buscando esos adornos sociales que dan caché y distinción de entre la carrera eclesiástica. Algunos sacerdotes todavía no habían alcanzado los cinco años de ordenados sacerdotes, y ya ostentaban el título de "monseñores"; pero se sabía ya de antemano que eso costaba 500 dólares, y que se compraba con facilidad, y que el propio Obispo le satisfacía ese gusto y amor por el renombre. Lo interesante de todo esto es que 25 años después el Papa Francisco tocó ese tema, apenas comenzó su pontificado e insistía en que el peor mal que le está haciendo más daño a la Iglesia, es el "carrerismo", que es una lepra dentro de la Iglesia (cfr. Primera visita del Papa Francisco a la basílica de San Pablo Extramuros, 14 de abril de 2013; discurso a los alumnos de la Pontificia Academia Eclesiástica, el mismo documento Evangelii Gaudium). El propio Papa Francisco elimina la concesión de esos beneficios de carrera, en el caso del título de "monseñor", y lo limita a sacerdotes de 65 años. Y, ya Mons. Maradei era un adelantado a los tiempos...

### ***Algunos otros chismes de interés:***

Lo malo y lo bueno de contar las cosas que suceden, es que si lo que se cuenta es de una tercera persona, la cosa es chisme; y eso es malo; pero, si son de quien los cuenta, las cosas se convierten en anécdotas; y eso es bueno. Aunque no se puede negar que lo que en un principio es anécdota, más adelante es chisme; porque ya el sólo hecho de que otra persona lo cuente, ya deja de ser suyo personal, y se pasa hablar de otro; lo que quiere decir que es chisme.

En este caso, son las dos cosas.

Sucedió, pues, que un buen día de los tantos buenos que tiene la vida y la existencia, Mons. Maradei fue invitado a celebrar la misa de graduación de uno de los colegios que estaban en la jurisdicción parroquial de una de las parroquias, más en concreto de Puerto la Cruz. Y con ello sea suficiente, y sea válido otra vez el recurso aquel de "*en un lugar de la Mancha, de cuyo nombre no quiero acordarme*". El párroco había estado ensayando la celebración con el colegio-liceo que estaba al lado de ese otro colegio, de toda la ceremonia de graduación; pero no la del colegio en cuestión en función del cuento, que es anécdota y también chisme. Porque eran dos los colegios-liceos que estaban en las cercanías de la parroquia, y como es natural del entramado social, había su rivalidad y competencia, cosa que el párroco no se percataba, sino hasta este momento que lo está escribiendo y usted leyendo. La competencia era evidente. El caso es que un colegio-liceo, porque ambos eran privados y ambos daban todo el bachillerato completo (porque el solo liceo estaba más lejos de la sede parroquial), había solicitado la misa de graduación para tal día y a tal hora. Unas tres semanas antes los dos quintos años que tenía ese colegio-liceo se habían estado reuniendo con el párroco para todos los ensayos y demás detalles de tal celebración en la iglesia parroquial, en horas de la tarde; eso incluía reunión también con el coro, para los cantos. Todo iba perfecto. La sorpresa estuvo en que la tarde del viernes de esa semana, cuando ya se estaban dando los últimos repasos de la misa de graduación fijada, comenzó a llegar un grupo de personas con flores y arreglos de flores, y todo lo demás de adornos y otros útiles de ornamentación para la misa del día siguiente. El párroco preguntó – como era lógico – que de qué se trataba la misa. – De graduación – le dijeron. Fue a cerciorarse el párroco en la agenda, por si se trataba de algún olvido o lapsus menti, y no había nada fijado para el día siguiente que era sábado para esa hora de la mañana que le habían dicho que sería la misa.

--- ¿Y, quién va a celebrar la misa? --- preguntó el párroco.

---- ¡El Obispo.... Mons. Constantino Maradei!... ¡El Obispo de la Diócesis de Barcelona! --- fue la respuesta tajante y sin derechos a objeción.

--- ¿Y, el señor Obispo sabe que va a celebrar la misa? --- refutó con inseguridad el señor cura párroco, que es como se llama en buenos términos canónicos a los párrocos, precisamente porque "cura" en términos del Derecho Canónico significa "el que cuida", o cuidador de una porción de la Diócesis, que a su vez está integradas por parroquias, como en ese caso era una pequeña porción, que, a su vez, tenía "cura párroco".

El párroco dejó hacer, porque ya todo estaba "montado", que es cuando ya algo está preparado y no hay nada qué hacer, sino que dejar ser y hacer, dándose por enterado de la graduación, y de que el señor Obispo iría a la celebración de la misa. Intentó refutar el párroco, pero la competencia estaba implícita en ese hecho. Era el Obispo quien iría. Ahí no importaba que se hubiese ensayado, como lo venía haciendo el otro colegio-liceo, y que se estuviese dando todo el "caché" que se estaba dando. Ya la sola presencia del señor Obispo superaba todo posible "caché". No había nada que alegar.

Todo se celebró con normalidad. Se reunieron los graduandos, sus padres, los profe y las profe (para satisfacer el uso de la última usanza), y todos los etcéteras incluidos. También se presentó el señor Obispo, que no era un etcétera sino un punto acentuado en la í, para decir lo que se estaba diciendo.

Todo salió perfecto.

Lo único fue que el señor cura-párroco no estuvo presente en la misa, aunque estuvo dando vueltas para que no faltara nada.

En la misa del domingo, en la misa de las ocho de la mañana y que era la misa principal, por decirlo de alguno manera, el párroco había hecho un comentario al respecto de la misa de graduación, y había dicho que por un lado felicitaba a la gente del tal colegio-liceo; pero, por otra, los criticaba porque todo debe hacerse a través del párroco, y que no es que se opusiera a que haya ido el Obispo, sino que era una "falta de respeto" al párroco, que por lo menos, por delicadeza debería estar informado de que había una misa en su propia parroquia; cosa que no sabía, sino la tarde anterior. En esa misa, el director del colegio-liceo había estado en misa, porque era de misa dominical y de puntual asistencia. De hecho, al terminar la misa el profesor se había acercado a reclamarle al párroco su osadía y atrevimiento, y a asegurarle que "eso" lo sabría el Obispo, porque se lo iba a contar.

A los dos días siguientes, y que ya era lunes, el señor cura-párroco, que era a su vez el secretario-canciller, apenas llegó a sus tareas de su oficio, después de encender luces y disponer todo para su desempeño del día, fue a tocar a tocar a la puerta del señor Obispo, Mons. Constantino Maradei D.

--- ¡Tum tum! --- sonó de forma uniforme la puerta como en melodía de percusión el nudillo que hacía con la mano derecha el secretario...

--- ¡Adelanteeeeeeeeeee! --- respondió Mons. Maradei, que se hallaba sentado sobre su silla de escritorio, y escribiendo a papel lápiz, que era su preferencia, sobre un pequeño montón de hojas de papel de máquina, que es así como se le dice a la hoja para escribir a máquina, o para cualquier otro uso...

--- ¡Buenos días, Monseñor! ¡La bendición! --- dijo el secretario apenas se abrió la puerta que los separaba en ese momento (lo de la bendición, a estas alturas no se recuerda si se la pedía, o si no se la pedía; o si no acostumbraba en ese trato habido entre los dos).

--- ¡Adelante! – ¡Buenos días!

--- ¡Buenos días!

--- ¡Monseñor! --- dijo su secretario – nombre, por favor, otro párroco para --- y dijo el nombre de la parroquia, a la vez que sacaba de uno de los bolsillos de su pantalón recién planchado un bojote de llaves (porque así también se le dice a todo un paquete de llaves) y lo colocaba sobre la mesa escritorio.

El señor Obispo, que no sabía qué estaba sucediendo, se sorprendió y dejó de hacer lo que estaba haciendo, y puso toda su atención en la conversación:

--- ¡¿Y, eso, por qué?! --- dijo en medio de la sorpresa, mientras miraba el montoncito de llaves sobre su escritorio, y retirándose un poco de la mesa para prestar mayor atención a lo que se le estaba presentando. Habría que imaginar el mundo de mundos y de cosas que por instantes estuvo pasando por la cabeza del señor Obispo. Tal vez, hasta pensaría otro más que "*cuelga los guantes*", porque todo es posible en este mundo de Dios, porque por eso es mundo y por lo mismo de Dios, ya que sin Dios no se explica el mundo, y va en esa expresión una afirmación de fe.

El secretario-canciller-párroco expuso todo lo sucedido. Mons. Maradei lo escuchó con mucho respeto, hasta el final. Estaba en juego lo de párroco, en caso de ejecutarse la petición que se hacía en el detalle de las llaves sobre la mesa-escritorio.

Y, Mons. Maradei, sin decir nada, giró su silla hacia el lado derecho donde tenía su aparato de teléfono de color gris de disco con números grandes, buscó su agenda y hojeó para adelante y para atrás, hasta encontrar el nombre del profesor-director del colegio-liceo.

--- ¡Alóóóóóó! ---dio los buenos días, el señor Obispo, e inmediatamente se identificó, y pidió hablar con el profesor – y dio el nombre.

--- ¡Buenos días! --- ¡hola chico! --- y volvió a decir el nombre del profesor, esta vez para tutearlo en la conversación. Hablaron unos dos minutos de esto y aquello, de la misa que estuvo muy bonita, y de algunos etcéteras de conversación telefónica.

Cuando volvió a salir el tema de la misa, Mons. Maradei abordó directamente el tema, con el profesor al otro lado del auricular:

--- ¡Si; vale! --- dijo --- de eso quiero hablar.... ¡Oye, vale tronco e'vaina me echaste con el párroco! --- y dijo el nombre del cura-párroco, que estaba en ese momento sentado en la silla frente al escritorio, con cara de decidido y convencido de que esa era la actitud y el comportamiento que usaría el señor Obispo --- ¡Resulta y pasa que él no sabía que el Obispo iba a celebrar esa misa! ¡Y aquí me está hablando, y tiene toda la razón!... ¡Noooooooo, vale! ¡Tenían que haber hablado con el párroco! ¡Y le doy toda la razón! ¡Él tiene razón! ¡Yo hubiera hecho lo mismo, chico!

--- ¡Que noooooooooooooo, chico! ¡Que nooooooooooooo! --- volvió a gritar el Obispo.

--- ¡Que noooooooooooooooo! --- por lo insistente del nooooo consecutivo en la conversación, se hacía entender que el profesor-director estaba poniéndose a la defensiva, y le estaba contando lo que el párroco en cuestión había hecho el día anterior, en la misa principal de la misa de la parroquia.

--- ¡Ya te dije que no, chiiiiiiiiiiico! ¡Entiende, vale! ¡Está mal hecho! ¡Y mete al Obispo en problemas! ¡Eso no se hace! Para la próxima --- dijo --- y enseguida miró al secretario-canciller-párroco, quien se hallaba alegre y contento por el espaldarazo de su SEÑOR OBISPO... cosa que percibía el Obispo, e igualmente se sentía apoyado y agradecido en la franqueza que lo caracterizaba...

--- ¡Aquí le paso al párroco... hable con él! --- dijo Mons. Maradei, cortando de plano la posible postura de defensa y de ventaja que tal vez quería ganar su profesor amigo.

--- ¡Aló! ¡Si! ¡Aló! --- dijo el párroco-canciller-secretario al tomar la bocina del teléfono.

--- ¡Sí...! ¡Si! --- y mantuvo con el interlocutor telefónico una conversación diplomática de unos dos minutos, tal vez menos.

--- ¡Chico, vale, toma tus llaves! --- dijo el Obispo dirigiéndose a su secretario-canciller, que seguía siendo párroco, a pesar del impase, y de la posible falta de respeto y de atrevimiento de un párroco afectado en su dignidad como párroco. Pero apoyado "*incondicionalmente*" por su Obispo, a quien le tomaba más cariño, respeto y admiración. Y con quien se podía ser frontal, y se podía tener la "aventura" de semejante "grosería", que hubiera sido mayor y de consecuencias mayores si se dejaba pasar.

--- ¡Y, perdona, vale! --- dijo --- para dar por terminada esta historia, que es chisme y anécdota, al mismo tiempo. Y el mismo Obispo tomó las llaves de sobre su escritorio y se las dio al secretario-canciller-párroco, volviendo todo al orden que siempre había tenido; pero, ahora volviendo a lo de secretario-canciller, para volver cada uno a su desempeño en el orden de la curia diocesana.

Casos como esos, y otros no contados, sucedían con Mons. Maradei. Y aquí estaba sucediéndose la experiencia de la resistencia de parte del hijo mayor de la parábola del Hijo pródigo, que se negaba a entrar a la fiesta; pero que le permitía tomar postura frente a una realidad. Esta postura podría haberse visto como una grosería y una falta de respeto; pero era confianza del hijo respecto al Padre. Por eso el Padre había tenido la delicadeza de salir a hablar con su hijo mayor, porque ambos se entendían, y ambos sabían que todo estaría en el orden del Jardín del Edén, pues el hijo *estaba en el campo* (cfr. Lc. 15, 25) haciendo lo que tenía que hacer y era lo que el Padre quería (cfr. Gn. 1, 26-27), y volvía a la casa. El hijo sabía que el Padre lo entendería; y el Padre, sabía que el hijo, igualmente lo entendería. Hay en esa parte de la parábola una cristología implícita y que apenas se está empezando a descubrir, y que Obispo y secretario-canciller ya estaban viviendo

13 Cfr. Daniel Albarrán, *Parábola del Hijo pródigo: "Hijo, tú siempre estás conmigo, y todo lo mío es tuyo..."* (Lc. 15, 31), en Editorial Credo Ediciones, Deutschland, Alemania, 2012.

por adelantado a los tiempos; pero que lo intuían en la vivencia profunda de un evangelio que hacían vida. Ya había en ellos una vivencia de una cristología de la parábola del hijo pródigo, en el diálogo en la diferencia, del hijo mayor y el Padre[13].

El profesor-director del colegio-liceo se mudó de parroquia. Ya no volvió más a misa a su parroquia. Y a los cuatro meses eran las fiestas patronales del pueblo de la parroquia que se refirió. En el momento de las Confirmaciones, en el mismo día de la misa principal de las fiestas patronales, se presentó el típico apuro para las confirmaciones -- que si decidieron a última hora para confirmar y que hay que aprovechar que los padrinos están – entonces, fueron a hablar justo antes de la ceremonia de la confirmación, para aprovechar. La respuesta de Mons. Maradei fue:

--- ¡Lo que diga el párroco! -- ¡Lo que diga el párroco!

### *Los refranes son evangelio chiquito:*

No hay cosa más sabrosa y contagiosa que en una conversación, se acuda a un refrán. Pero de manera espontánea y natural. Mons. Maradei, tenía un refrán para cada momento y oportunidad. Era muy ocurrente, en ese sentido, ya en la conversación diaria, ya en alguna reunión, o ya en algún artículo. Hacía uso de sus refranazos.

Ya se han dicho algunos refranes en este libro, como por ejemplo, cuando se dijo que cuando quería ironizar sobre ciertas amistades, decía: «*Cuando veas a un negro y a un blanco en compañía, o el blanco le debe al negro, o es del negro la comía*». Ahí quedaba la enseñanza, o como él decía: "*Agárrame ese trompo en l'uña pues*"; es decir, ahí le queda esa. Y si no se lograba entender lo que quería decir, para continuar con su refranero en esta compilación, entonces decía: "*Váyase pal'callao, pa'que vea a negro con diente de oro*". O sea, lo mandaba de manera muy jocosa y simpática "*pal'carrizo viejo*", o "*pal'callao*", que era lo mismo que "*pal'zipote*", o "*pa'la porra*".

Algunos otros refranes de su uso:

"*No tienes voz, ni para vender pescao*".

*"Cuando te digo que el caballo es blanco, es porque tengo los pelos del caballo en la mano"*.

*"El que tiene voz no manda a cantar a otro"*.

*"Tonto es el que presta un libro; más tonto el que lo devuelve"*.

*"Negro que no sea faramallero, no es negro"*: y ese refrán lo dijo una vez en reunión de clero, con ocasión que el párroco de la Catedral, se estaba dando todas las ínfulas de una actividad encomendada y que había realizado. Después que el padre se echó a sí mismo todos los honores y se decía que era gracias a él... Mons. Constantino Maradei, dijo para elogiar y reconocer la actividad, con sus salidas ocurrentes: *"Negro que no sea faramallero, no es negro"*. Y todos los presentes en la reunión soltaron las carcajadas, y miraron con cariño al padre que estaba hablando, inducidos ciertamente por el refrán del señor Obispo, que tenía mucho de reconocimiento y agradecimiento de la actividad realizada, y por el padre que la había llevado a cabo.

*"Entre más viejo; más pellejo"*.

*"Ya por ser joven, se es bello"*.

Y como es imposible tener tan fresco en la memoria todo lo que decía, vamos a quedarnos con que *"nadie nos va a quitar lo bailao"*.

### ***Otros detallitos más:***

Así como en el estilo literario y forma de escribir del Evangelio de San Juan se dice al terminar, que: *"hay además otras muchas cosas que hizo Jesús. Si se escribieran una por una, pienso que ni todo el mundo bastaría para contener los libros que se escribieran"* (Jn. 21,25)...sea válido, en este caso, ese mismo recurso para decir de Mons. Maradei, que: *"es mucho lo que hay que escribir, y, tal vez, no cabrían en este libro"*, como para decir que ya está bueno lo que se ha dicho; aunque no se niega que estaría tan bien muy bueno lo que se dijera, si se dijera de más de lo que se ha dicho. Pero, hay que acudir a un refrán, porque el refrán es evangelio chiquito, como se dijo: *"ta' bueno el culantro; pero, no tanto"*. O sea, que tá'bueno así; y tampoco es *"para que se agarre la vega pa'potrero"*.

Añadamos algunas ñapitas, para terminar con este apartado.

Las ñapas son: una: que estando en la sacristía de la Catedral todos los sacerdotes junto con el señor Obispo (Mons. Maradei), el jueves Santo de 1990, para la Misa Crismal, justo antes de salir en procesión, Mons. Maradei, dijo: "*por favor, les agradezco que en el momento de la Consagración no se apresuren... vayan despacio y con calma...y no es porque me las quiera dar de santo...es que me falta el aire y me canso*". Otra: en el año 1986 se generó una discusión entre dos sacerdotes sobre si Jesús de Nazareth era fariseo, o no. Uno decía que sí; y el otro que no. El que decía que no estaba escandalizado con solo pensar esa idea sobre Jesús de Nazareth. Entonces, el que decía que sí propuso ir donde Mons. Maradei, porque era doctor en Teología dogmática, para que diera el veredicto sobre el tema. Fueron y le propusieron el tema en discusión. Y Mons. Maradei con su tono y vozarrón dijo: "*Sin discusión... Claro que era fariseo... Y fue educado bajo la disciplina farisea de la época*", y comenzó a dar datos de los propios evangelios para fundamentar su postura.

## MONS. MARADEI

## Y SU APORTE A LA HISTORIA

El presente apartado se divide en dos: el Obispo y la historia, propiamente; y, el Obispo y el bolivariano. En Mons. Maradei se dan muy bien definidas estas dos facetas, pues en cada uno de ellos hace sus aportes. Es este, tal vez, el aspecto más importante del aporte de Mons. Maradei, como escritor.

### *El Obispo y la historia:*

El estado Anzoátegui recordara siempre a Mons. Maradei por su gran aporte en su libro *Historia del Estado Anzoátegui.* Este libro es considerado por muchos periodistas de Anzoátegui un libro obligado de consulta. Si alguien quiere saber lo elemental de algún pueblito de Anzoátegui debe necesariamente consultar esta obra que da los elementos fundamentales de historia de casi todos los pueblos del Estado Anzoátegui. Se puede considerar que este libro es el gran aporte de Mons. Maradei a la historia. De manera de quien hable o intente hacer una biografía de Mons. Maradei y omita esta referencia no está siendo fiel a la historia de su vida.

Después tenemos otros libros suyos que también se consideran granos de arena para la historia. Son ellos: *El Cardenal Quintero*, del que podemos decir que es una muestra de amistad entre Mons. Maradei y el Cardenal Quintero. En este libro, Mons. Maradei se remonta a los paramos merideños, y desde allí trae la figura, en su fantasía de escritor, del niño José Humberto; lo acompaña al Seminario con su rector Mons. Dubuc; atraviesa con él el océano para llevarlo a Roma; lo admira y lo felicita en sus primeras piezas de oratoria en la capital italiana; lo anima y ora con él, y por él, en su ordenación sacerdotal; trabaja con él en Santa Cruz de Mora, donde se desempeña como Vicario Cooperador; lo vuelve a acompañar a Roma, y lo recibe con gozo y júbilo al retornar a Mérida, como Obispo Coadjutor de Mons. Acacio Chacón. Sufre con él las intrigas y las heridas que le producían las cartas anónimas, obra de gente cobarde que se ampara en el chantaje psicológico para hacer daño; lo consuela en la muerte de su madre; le ayuda a mezclar el óleo para las pinturas en su escape y desolación ante la madre muerta; lo estimula para que acepte el Arzobispado de Caracas ante la súbita e inesperada muerte de Mons. Arias; lo felicita y congratula ante el nombramiento de Cardenal; lo alienta en la tarea de la abolición del Patronato; lo acompaña en la soledad de su episcopado caraqueño. En fin; este libro es un cántico a la amistad, que se deja descubrir entre Mons. Maradei y el Cardenal Quintero. No debemos olvidar que el Cardenal Quintero ordenó sacerdote a Mons. Maradei.

Otro libro que esta en esta línea de los aportes históricos es el libro *Los Evangelizadores de América.* Este pequeño libro es una consulta obligatoria sobre algunas biografías de evangelizadores en la Venezuela del siglo pasado.

Igualmente el libro *Don Tulio Febres Cordero, el caballero de la ciudad de los caballeros.*

Además se pueden citar, entre otros de los muchos artículos sueltos y discursos, los siguientes:

- La Catedral de Barcelona.
- Cartas de El Libertador Simón Bolívar en Barcelona.
- Noticias Historiales de Nueva Barcelona, de Fernando Bastardo y Loaiza. Estudio preliminar y notas por Constantino Maradei Donato.
- Aquí arden los carbones imperiales de la Patria, palabras en la Catedral de Barcelona el 24 de julio de 1983.
- Disertación en la Misa de Campaña celebrada el 30 de junio de 1953, en la Plaza Bolívar de Ciudad Bolívar, con motivo a la Celebración de la Semana de la Patria.
- Palabras en el XL aniversario de la Creación del Servicio de Capellanía Militar, 1986.
- Invocación para la Guardia Nacional, 1986.
- Conferencia ante la Gerencia de Corpoven, en Puerto la Cruz, el 28 de marzo de 1988.
- A la Guardia Nacional en las Bodas de Oro de su nacimiento. Homilía de

Mons. Maradei en la Misa precedida por el Cardenal José Alí Lebrún, Arzobispo de Caracas y los Obispos de Venezuela, con motivo del 50 aniversario de la Guardia Nacional, 1987.

## *El obispo y el bolivariano:*

Mirar la vida de Mons. Maradei si descubrir en él las fibras bolivarianas es mirar con prismas manchados su figura, y es no comprender su gran aporte a la historia como persona y como Obispo.

En este sentido sus mejores aportes a la historia del pensamiento bolivariano se encuentran en sus libros *La Libertad religiosa en el Libertador,* y en *Bolívar, gobernante católico*; además de los artículos sueltos para algunas revistas, periódicos, y en muchos de sus discursos bolivarianos en diferentes conmemoraciones de fechas patrias.

Entre otras de las muchas ideas que se podrían sacar de los dos libros citados podemos decir las siguientes:

- La sociedad en la que vivió el niño Simon Bolívar es una sociedad de religiosidad popular, herencia de España Católica.
- El libro de Madariaga, Bolívar, de entre los de esa línea, son positivo ya que nos permite ver a Bolívar más Humano y menos semi-dios, como algunos suelen presentarlo prácticamente.
- A pesar de que Bolívar atribuye la perdida de la Primera Republica al clero y al fanatismo religioso no se debe olvidar que muchos sacerdotes de adhirieron a la causa de la independencia y cita el Acta del 5 de julio de 1811 y la Primera Constitución donde aparecen firmando muchos de ellos.
- No se debe olvidar la experiencia vivida por la Iglesia en la Europa napoleónica, de la que surgió una Iglesia Nacional dependiendo solo del Estado, sin ninguna vinculación con la sede de Pedro. Un caso típico era el Obispo de Popayán, quien después fuera un bolivariano abnegado.
- A pesar de la crueldad manifiesta en el Decreto de Guerra a Muerte

del 15 de julio de 1813, Bolívar fue suavizando su ímpetus de venganza en el año1816 dio su célebre Proclama de Ocumare, el cual dio mas frutos que la crueldad de Trujillo. Y allí aparece lo que Bolívar era: el gobernante de la magnanimidad y del perdón, como lo había aprendido de sus mayores a pesar de que su fama ya se había extendido. Y desde 1816, y del abrazo de Santa Ana, Bolívar aparece mucho más humano y cristianizado, a pesar de las crueles vicisitudes de la Guerra Larga.

- Bolívar nunca pensó en una separación entre la Iglesia y el Estado, a pesar de que buscaba la libertad religiosa. En este sentido, Bolívar era un vidente, tenía visión de futuro, adelantándose siglo y medio al Vaticano II con sus ideas político-religiosas.
- Analiza la actitud de Bolívar al convertir varios conventos en colegios, y refuta que no lo hacia por ser anticlerical, sino porque la mayoría de los conventos se hallaban mal.

Otros de los elementos que cita para demostrar su idea sobre los principios católicos de Bolívar, son:

- El nombramiento del Dr. José María Vargas como rector de la Universidad de Caracas.
- El Decreto para la Universidad de Popayán;
- Un testimonio de Perú de Lacroix sobre la protección de la Religión católica;
- El Discurso para el Proyecto de la Constitución de Bolivia;
- La carta del Dr. Cristóbal Mendoza del 2 de agosto de 1828; la carta al Obispo de Cuzco, desde Lima; la carta a Páez del 30 de junio de 1828; la carta a Etanislao Vergara de22 de noviembre de 1828;
- El hecho concreto de San Antonio de Táchira del año 1821 de donde se saca la célebre frase de:*«Sólo ante Vos, Señor, se rinde esta bandera»;*
- Los intentos de Bolívar para mejorar las relaciones con la Santa Sede

conseguidas a través de los Obispos Lasso de la Vega y Jiménez de Eneizo.

Para terminar este apartado se transcribe la carta del 27 de febrero de 1987, dirigida por la Sociedad Bolivariana a la Asamblea Nacional Bolivariana, 1977, en la que reconocía la labor de Mons. Maradei y en la que solicitan su designación como MIEMBRO Y PRESIDENTE HONORARIO de la Sociedad Bolivariana de Venezuela. Dice textualmente la carta:

SOCIEDAD BOLIVARIANA DE VENEZUELA
Centro correspondiente del
Estado Anzoátegui
Barcelona – Venezuela
No. 28

Barcelona, 12 de febrero de 1977

Señores
Presidente y demás Miembros de la
Junta Directiva de la Asamblea Nacional
Bolivariana 1977
CIUDAD BOLIVAR.-

Distinguidos consocios:

Muy atenta y bolivarianamente este Centro Bolivariano correspondiente del Estado Anzoátegui con sede en Barcelona, tiene el alto honor de dirigirse a esa Junta Directiva de la Asamblea Nacional Bolivariana de 1977, para hacerle de su superior conocimiento lo siguiente:

El consocio Mons. CONSTANTINO MARADEY DONATO, Dignísimo Obispo de la Diócesis de Barcelona, por muchos años componte de la Sociedad Bolivariana de Venezuela, ejerciendo por tres (3) periodos consecutivos desde 1970, la presidencia de este Centro Bolivariano, siendo actualmente su Presidente Honorario y Asesor General, y en el que ha desarrollad una fructífera labor bolivariana y ha hecho de presente la Obra, el Ideario y la Acción de nuestro Libertador Simon Bolívar.

El referido consocio Mons. Constantino Maradey Donato es persona de vastísima cultura y es una de las cifras más valiosas del Clero Venezolano, de espíritu bondadoso, preocupado por los problemas que afectan ala humanidad y poseedor de verdaderos sentimientos de confraternidad y compañerismo. En vista de todas estas razones, y de conformidad con lo establecido en el Párrafo Único del Art. 10 del Estatuto General de la Sociedad Bolivariana de Venezuela, muy respetuosamente solicita de esa Magna Asamblea Bolivariana la designación del expresado consocio Mons. Constantino Maradey Donato como MIEMBRO Y PRESIDENTE HONORARIO de la prenombrada Sociedad Bolivariana de Venezuela.

Convencidos como se está de que este Centro Bolivariano será atendido satisfactoriamente en esta solicitud de reconocimiento, le anticipa a esa Asamblea Nacional Bolivariana las mas cumplidas gracias.

Con las expresiones de nuestra más elevada consideración somos bolivarianamente,

R. GASPAR GALINDO
PRESIDENTE

Manuel Moreno Hernández
Secretario

## EL OBISPO ESCRITOR DE LA JUSTICIA

No se puede pasar por alto uno de sus libros mas polémicos en toda su vida de escritor, por un lado, y como Obispo, por otra. Se trata del famoso libro *Justicia para mi pueblo*.

Para empezar hay que detenerse en la portada de la sexta edición de Ediciones Trípode, que recoge muy bien el tema central del libro: aparecen varios techos rojos, comenzando con una capilla en toda la cúspide del montoncito de casitas. Por lo menos esa es la idea que se sugiere al mirar la portada. Le siguen al pie varias casas hasta llegar a unas de aspecto pobre, y al final aparecen varias personas, y entre ellas un par de niños, de los que uno está desnudo. Es importante esta impresión porque sobre ella gira todo el libro.

### *Tema problemático:*

Comienza el autor, Mons. Maradei por supuesto, haciendo una aclaratoria previa y expone que ha sufrido muchos ataques por motivo de un articulo suyo para la Conferencia Episcopal Venezolana sobre el documento «*La Justicia en el mundo*», y que según él, se filtró en la prensa por obra de uno de sus colegas del episcopado. Y aclara que el libro que está por empezar tratará otra vez sobre «*La Justicia en el mundo*», pero con ideas matizadas y con la madurez que da el tiempo, y con la intensión de abrir caminos, no de cavar fosas, pretende llegar a los corazones antes que a los entendimientos.

## *El compromiso y el deber de la justicia*:

Y de seguido comienza a esbozar algunas ideas sobre el compromiso, insistiendo que éste comienza en la aceptación voluntaria y libre, de la que surge automáticamente el deber. Del compromiso nace el deber. Y pone las bases para el posterior estudio de la realidad venezolana y el problema de la justicia social, dejando asentado que el compromiso cristiano no es una palabra solemne ni un tema en boga. Son una llamada y una responsabilidad, primeramente ante Dios y ante la humanidad entera. Y de ahí el compromiso con la justicia que se abraza con la verdad y el valor. Así, declara abiertamente, que:

> *Callar cuando se debería hablar, es cobardía; aceptar el error, cuando se está convencido de lo contrario, es traición; imponer la verdad, cuando puede compartirse, es no comprender el Espíritu del Evangelio, que es libertad y fraternidad cordial y mental (2 Cor. 3,17; 1Jn 3, 14).*

Y, citando a Tomas Moro, en «*sé lo que quieras, pero ten el valor de serlo*», reflexiona que el miedo, el chantaje y la audacia de los malos aventajan sobre la valentía de los buenos. Esta es la base sobre la que va a ir reflexionando en todo el libo. Insiste en el dolor del otro y en el «*con vosotros está y no lo conocéis*», de José Antonio Olivar, para dejar fundamentado que el compromiso en el amor es el milagro en el Espíritu, y el cambio de luz verde en el semáforo de la esperanza.

Este compromiso se mide necesariamente por la justicia, que es la virtud integral que engloba a todas las demás, y es la mas perfecta, citando a Aristóteles en su Ethica Nichomachea, que es la misma «*Justicia óptima*» del salmista (Salmo15,1), y que es la santidad en la mentalidad de Pablo (2 Tim 1,9).

En la definición de la justicia alega, ampliando las criticas de Kelsen y Kant, que en la definición de Ulpiano hay una tautología, ya que «*la voluntad constante de dar a cada uno lo que es suyo*», supone que todas las leyes deberían basarse en la le moral. Pues si esta formula se tradujera en dar a cada uno lo que es suyo, diría algo absurdo, pues a nadie se le puede dar lo que ya tiene. Pero las leyes son convencionales, hechas por minorías que no escuchan al pueblo, perdiendo la justicia su inmutabilidad, pues ahora se va colocando el concepto de participación que no es otra cosa que concebir la justicia y el derecho del otro. En este sentido dice que los ricos, mal que bien, por el temor de perderlo todo se han acercado al Evangelio, aunque no sea auténtico, sino por pura filantropía. Y es, entonces, cuando nace la justicia popular, en la que el grito es mayor justicia para fabricar el amor:

> *Esa aspiración de los hombres a una mayor justicia, es consecuencia lógica de las situaciones de injusticia en que vive gran parte de la humanidad. Estos crean tensiones que el problema del derecho de OTRO va opacando lo que se entiende por MI DERECHO; y esto, en tal modo, que se hace difícil una conciliación entre el derecho de los que tienen todo y el derecho de los que no tienen nada, ni siquiera el derecho a tener derecho.*

### *La justicia es doctrina para la iglesia:*

Pero no es una golondrina sola queriendo hacer llover – dice -- ni mucho menos un adelantado a su tiempo; sino que su voz es la de la Iglesia, que se compromete con la situación de la humanidad en especial de los marginados. Esta doctrina siempre ha sido sostenida por la Iglesia. El problema está en que se ha olvidado por los católicos:

> *Si la virtud de la justicia... no mírase la finalidad en su actuar, un filántropo seria igual a un santo. Este comparte, da, se santifica y hasta muere, porque ve el rostro de Dios en cada hombre. La buena obra debe tener por finalidad a Dios, de otro modo se pierde en egoísmo, vanidad, soberbia y se hace ESTERIL.*

Considera así que la principal contradicción a la justicia es «*la del hombre para con el hombre*», en un mundo donde las maquinas han recibido mas cuidados que el hombre, teniendo como causa el hecho de que el hombre no busca la fuente de la equidad y de la verdad de la montaña inmutable de Dios, y las leyes que hace, hechas por minorías para favorecer estructuras, son incapaces de engendrar justicia; aun cuando sean leyes justas, pues caen en manos de poderosos que las hacen injustas, ya que la constitución aguanta todo. Si el hombre buscara el justo equilibrio que el Señor puso en la creación y en la persona humana, la tierra podría ser también un cielo de justicia.

Y, entonces, se corre el peligro de echarles la culpa totalmente a los marginados mismos de su propia suerte. Esto es lo que se llama *esclerocardía*, la sensibilidad de espíritu y la dureza de corazón.

## ***La justicia y la tenencia de la tierra en Venezuela: parte conflictiva del libro:***

Mons. Maradei desarrolla en los capítulos posteriores el tema de «*La Justicia y socialización*», «*Justicia y familia*» hasta llegar al tema de «*La Justicia y tenencia de la tierra*», que es puede ser considerada la parte mas conflictiva de su libo.

Así dice:

> *Concretamente en Venezuela, los inmensos latifundios frente a los míseros conucos de nuestros campesinos, las hermosas y verdegueantes vegas de los grandes cacaos comparados con los peladeros de chivos del sufrido agricultor coriano, son una burla a la justicia constitucional y un escarnio al compromiso de aquellos que se llaman cristianos.*

## ***La propiedad privada:***

Considera, igualmente, que la Iglesia respeta el derecho de la Propiedad Privada. Pero Mons. Maradei cuestiona al ver las injusticias en la posesión de la tierra, recordando que el derecho de gozar, usar y abusar como venta en talante no es bíblico, sino pagano. No se puede olvidar – dice -- que la propiedad privada tiene su función social; e insiste que desde la «*Rerum novarum*», la «*Mater et magistra*», y la «*Populorum progressio*», los Papas vuelven a tocar en su justo sitio de derecho de propiedad y la posesión de la tierra, como exigencia de justicia y caridad.

Pero aclara, sin embargo, que el socialismo marxista ha sido ineficaz para resolver el problema de la justicia en el mundo, y cita la obra El Archipiélago de Gulag, del autor ruso Alexander Solzhenitsyn, como cartilla abierta para aquellos que se entusiasman con las conquistas comunistas; y sostiene que nada tiene que pedirle prestado el cristianismo al comunismo; y si hay coincidencias, el Evangelio fue escrito antes que El Capital. El problema está en que los cristianos no han sido fieles a la doctrina de Cristo, pues los cristianos velan el rostro y manchan la pureza de su doctrina con sus injusticias y desamor.

## *Llamado a retractarse:*

Imaginamos que por los años sesenta cuando se comenzaban a hablar de estos temas, este libro y sus ideas le amargaron la vida a Mons. Maradei. De hecho él mismo lo expresaba así en conversaciones personales. Aunque lo que escribió en este libro era mas suave de lo que había escrito y presentado a la Conferencia Episcopal Venezolana, y que se «*lo poncharon*», como él mismo decía, pero que se publicó por obra de algún colega suyo en El Nacional. Este artículo, de hecho, le amargó la vida, «*porque le echaba muy duro a los riquitos*», como él mismo comunicaba. La Conferencia Episcopal no se solidarizó con él al respecto y lo dejaron solo. Los efectos se sintieron inmediatamente y fue invitado a retractarse, según confidencias del mismo Mons. Maradei, por parte del mismo Eugenio Mendoza y el Presidente de la Republica, por ese entonces, el Dr. Rafael Caldera.

## *Crítica a la Iglesia Venezolana:*

Por conveniencias, decide no volver esos temas. Así mismo lo contaba él mismo. Sin embargo, en ese mismo capítulo del mismo libro, se vuelve a soltar para cuestionar a la misma Iglesia Venezolana. Dice:

> *Colocados así todos en esta vertiente de sinceridad, debemos preguntarnos sinceramente: ¿Cumple la Iglesia Venezolana su misión de justicia?... ¿Es ella la voz de los pobres, de los sufridos, de los desempleados y en general de los que tienen hambre y ser de justicia?... es nuestra vida.*

«***HAY QUE ABANDONAR EL MIEDO***», dice mas adelante con letras mayúsculas. El miedo que nos ha hecho viles y nos evita problemas, pues hay mucho miedo a perder posiciones encumbradas; hay bastante cobardía en asumir responsabilidades comunitarias y no pocos silencios ante cuestionamientos que necesitan respuestas. Callarse ante las injusticias por miedo o indiferencia radical es un pecado de o misión que puede se tan grave como el de comisión.

El Papa Francisco, respecto a este tema, ha estado diciendo que es necesario ir contra el *Clericalismo sofisticado*, de *Soltería clerical* y del *Clericalismo de mercado,* que está haciendo tanto daño a la Iglesia, en su afán de hacer "carrera dentro de la Iglesia". Una Iglesia accidentada-Iglesia enferma. Dice el Papa que "*quiero decir francamente que prefiero mil veces una Iglesia accidentada que una Iglesia enferma. La enfermedad típica de la Iglesia encerrada es la autorreferencial; mirarse a sí misma, estar encorvada sobre sí misma como aquella mujer del Evangelio. Es una especie de narcisismo que nos conduce a la mundanidad espiritual y al clericalismo sofisticado, y luego nos impide experimentar «la dulce y confortadora alegría de evangelizar»*"[14]

## *A modo de conclusión de este apartado:*

Con todo lo que se ha ya señalado, es suficiente para hacernos una idea de este conflictivo libro. Se recomienda, igualmente, su lectura pues puede considerarse un gran aporte social, particularmente una reflexión cristiana del compromiso. Tal vez algunos puedan considerarlo, sin embargo, un tanto subversivo. De hecho lo es. Pero quizás otros lo puedan ver como un ejemplo de coraje y valentía cristianos de alguien que quería cuestionarse y cuestionar nuestra manera cómoda de vivir el cristianismo.

---

14 Cfr. CARTA DEL PAPA FRANCISCO, A LOS PARTICIPANTES EN LA 105 ASAMBLEA PLENARIA, DE LA CONFERENCIA EPISCOPAL ARGENTINA, del 25 de marzo de 2013. Véase también todo el documento del Papa Francisco, Evangelii Gaudium, en donde es insistente la misma idea.

Y se vuelve a como se comenzó este apartado, haciendo eferencia a la portada de la sexta edición del mismo libro: La Iglesia arriba, que iluminaba la realidad; las casas que siguen hasta llegar al niño desnudo al pie del grafico; la realidad, que no es otra cosa que el desnivel social: el rico mas rico el pobre mas pobre, y de allí el grito del titulo del libro como tal: *Justicia para mi pueblo.*

## MONS. MARADEI Y SU PEDAGOGÍA

## EN LOS ARTÍCULOS DE PRENSA

Para todos los públicos escribió Mons. Maradei. Para los historiadores con sus dos libros sobre Bolívar, el libro sobre el *Cardenal Quintero*, y sus muchos discursos y artículos; para los poetas con *Luz en su sendero*; para los sencillos de una teología sencilla con *La fe de mi pueblo*; para los políticos y bien instalados de Venezuela con *Justicia para mi pueblo*, etc..... Siempre en su estilo sencillo y ameno...

Pero en su fibra de escritor no sólo buscaba la ocasión de publicar un libro, sino que siempre lo hacía a través de la prensa en la que tenía columnas semanales, inquietud que obedece al gran llamado de enseñar y al compromiso concreto de ser testigo de la resurrección mas allá de toda frontera.

Habla de todos los temas posibles. Así escribe sobre el perdón, la deuda externa, la adulación, el teléfono, la navidad, el matrimonio, el agua, el sida... y paremos de citar porque son muchos.

Y lo que más gusta de su estilo es la practicidad y llaneza a la hora de escribir. Así, por ejemplo, cuando habla del perdón, dice:

*Afortunadamente el Señor nos manda perdonar a nuestros enemigos, pero no nos ordena «olvidar», y es que en muchos casos, tratamos de olvidar, pero la injuria está siempre allí como fuego bajo las cenizas del tiempo, que siempre quema.*

O de la deuda externa:

*Con todos los errores que hayan cometido los yanquis en política-política y en política económica, «tenemos que pagar», debemos pagar.*

O del loto (o el Kino):

*Jugar un lotico semanal, siempre que sea uno y solamente uno, no es pecado. El problema es que la avaricia rompe el saco, la gente se envicia y en el loto se van, no sólo los ahorros, sino lo que se gana. Y eso es un mal, y el que juega por necesidad pierde por virtud...*

*El loto tiene muchas virtudes. Antes de todo, es auténticamente democrático: todo el mundo puede jugar y todo el mundo lleva la misma esperanza: ser millonario. Lo malo es «quien vive de ilusiones, muere de sentimiento»*

O de la adulación y la alabanza:

*Debemos huir de la adulación como del sida, y hay que temer la lisonja; pero no debemos llegar a la exageración de Cicerón, quien no alababa a nadie para no aparecer adulador...*

*¡No! Aunque algunas veces nos llamen aduladores, debemos alabar lo bueno, pues la alabanza contribuye a la superación y ella es un estimulo humano inmenso que todos necesitamos....*

*Uno de los principios de la guerra es decir al soldado: «buen trabajo». Nunca mezquines una alabanza, ésta magnanimidad real; pero jamás manches tus labios con la adulación, pues ella es traición de bellacos.*

O de las llamadas por teléfono:

*Cuando hables por teléfono, di siempre: «habla fulano de tal, ¿con quién hablo?» Si llamas, estás obligado por urbanidad a decir primero tu nombre, otrón: aunque seas un jefote grande, cuando llames a otro jefe, llámalo tú mismo, y por favor, que tu secretaria nunca diga: espere que le va halar; eso es una soberana insensatez, alguno te puede colgar el teléfono.*

Son innumerables los temas tratados por Mons. Maradei en sus artículos de periódico. Pero como no podemos darlos todos sino sólo hacer una pequeña referencia es suficiente con lo dado aquí. De hecho se recopiló muchos de sus artículos y mandó a Guillermo Morón, de la Academia Nacional de la Historia, quien se comprometió buscar la forma de su publicación...

Se termina este apartado con una recomendación que Mons. Maradei hizo a los que siempre querían que el Obispo estuviera en sus actos, por cualquier celebración. Dice:

*Aviso importante: "no voy a ninguna parte por invitación de tarjetas". No es por echármelas de grande, sino porque no puedo saciar la sed de Obispo que tiene la gente. No hay tiempo. Si Ud. quiere que el Obispo vaya a su acto: CONTACTELO. No sólo con tarjeta. Gracias.*

## EL OBISPO Y EL MÚSICO

Su fibra de músico y poeta, es otra de las faceta de Mons. Maradei.

No se puede olvidar que Mons. Maradei fue fundador del Orfeón del Liceo Peñalver de Ciudad Bolívar del que salieron los Rosi quienes cantan en la «*Serenata Guayanesa*», e interpretan algunas canciones de Mons. Maradei. Fundó también el grupo musical «*Los Diamantes*» quienes ejecutan la guitarra, la bandolina y el cuatro. En Barcelona fundó la estudiantina que llevaba su nombre.

Entre otras de sus creaciones podemos citar cantos a la virgen, la letra en español del «Tantum ergo sacramentum», y un himno al Papa Juan Pablo II. Como también la canción decembrina «*Corre caballito*».

Es de hacer notar que cuando había alguna celebración litúrgica importante en la que se debía cantar el «Tantum ergo», Mons. Maradei dirigía y ensayaba previamente con los seminaristas en las aulas del seminario San Celestino de Barcelona.

Otro detalle que vale la pena resaltar es que casi todas las mañanas, antes de la hora de oficina, lo encontrábamos ejecutando el órgano o el piano, pasando por sus dedeos desde un agradable pasodoble hasta un vals venezolano que invadía la casa de una alegría especial. Muchas veces lo vimos salir de su oficina a media mañana para interpretar cualquier pieza y retornar a sus quehaceres diarios. ¡Como si aquello le diera inspiración a alguna idea de las muchas que revoloteaban por su cabeza!

## PUEDO CAMINAR DESCALZO,

## PORQUE NO HE SEMBRADO ESPINAS

En la celebración de los 50 años de vida sacerdotal de Mons. Constantino Maradei Donato, tercer Obispo de Barcelona, dijo al final de la misa, en el momento en que todo homenajeado dice algunas palabras, y de las que todos los que asisten están pendientes. Una frase fue la impresionante de sus palabras.

Dijo: "*puedo caminar descalzo, porque no he sembrado espinas*".

Se podría decir con el profeta Simeón: "Ahora, Señor, puedes dejar a tu siervo irse en paz". Y con ello, se puede colocar con toda propiedad la parte del misal, donde dice: "*Líbranos de todos los males, Señor, y concédenos la paz en nuestros días, para que, ayudados por tu misericordia, vivamos siempre libres de pecado y protegidos de toda perturbación, mientras esperamos la gloriosa venida de nuestro Salvador, Jesucristo*".

El caminar descalzo es la conciencia de saber que no se ha hecho daño. Es la misma experiencia de "*vivamos siempre libres de pecado y protegidos de toda perturbación*".

Precisamente, porque se ha vivido y se ha comprendido a plenitud la respuesta que sigue en el misal, en relación a Dios, en "*Tuyo es el reino, tuyo el poder y la gloria, por siempre, Señor*".

Amén.

## Crónica histórica del día del traslado de los cuerpos de Mons. Constantino Maradei y de Mons. José Humberto Paparoni al lugar preparado en la Catedral de Barcelona

A las diez y dos minutos de la mañana del día nueve de mayo de 2007 estaba haciendo su entrada la comitiva litúrgica de la Diócesis de Bacelona presidida por Mons. César Ramón Ortega Herrera, a las puertas de la Catedral de Barcelona, para la celebración de la Santa Misa por las almas de Mons. José Humberto Paparoni (primer Obispo de la Diócesis de Barcelona) y por Mons. Constantino Maradei Donato (tercer Obispo de la Diócesi de Barcelona).

El motivo era el traslado de los restos de estos dos Obispos que yacían en lugares dispersos de la misma Catedral de Barcelona. Uno (Mons. Paparoni estaba debajo de la Sede de la Catedral), y, el otro, (Mons. Maradei) estaba a los pies del Santísimo del mismo templo. Era necesario ubicarlos en un sitio más decoroso, propio de su dignidad de Obispos. Esta había sido una de las preocupaciones de Mons. César R. Ortega, desde que tomó posesión de la Diócesis de Barcelona. Así lo manifestó Mons. Ortega en las palabras que dirigió a todos los presentes en la Catedral de esa mañana. Los asistentes eran convocados prácticamente a Capilla cerrada. Un grupo muy reducido de participantes, especialmente, sacerdotes de la Diócesis, quienes se dieron cita a momento tan especial y emotivo.

Mons. César R. Ortega, después de la lectura del Evangelio, hecha por el padre Enrique Ovies se dirigió a los presentes para hacer una nota recordatoria de las personas de los Obispos. Es de señalar un detalle circunstancial del momento, es, que, mientras el Pbro. Enrique Ovies hacía la lectura del Evangelio sonaron las campanas del reloj de la misma Catedral: diez tonadas agudas y una baja: eran las diez y cuarto de la mañana.

En sus palabras Mons. Ortega refirió algunos recuerdos gratos de su trato con

Mons. Paparoni, sobre todo, de cuando el que hablaba (Mons. Ortega) era seminarista y le correspondió participar en la Consagración Episcopal, justo,

de Mons. Paparoni, llevando una prenda litúrgica propia de las vestimentas episcopales de la época. Refirió algunas señalizaciones personales de Mons. Paparoni para con el entonces seminarista César Ramón Ortega Herrera, como, la de hacer y obedecer siempre a sus superiores, en especial al Obispo. Destacó, después, la figura estilizada de Mons. Paparoni y su espíritu de sacrificio que le caracterizaba, sin dejar de resaltar su aguda inteligencia y su espíritu práctico como persona.

Inmediatamente, pasó a resaltar a Mons. Maradei: su mentor, profesor y padrino de ordenación sacerdotal. Le correspondió sustituirlo en todos los cargos (cargas, recalcó) que Mons. Maradei había desempeñado en la Diócesis de Ciudad Bolívar. Se paseó por la figura de Mons. Maradei: agudeza en su inteligencia, poeta, músico, y, persona franca y llana en su trato, aunque en apariencia brusca. Pero, llano y frontal. Justo, en ese momento, sonaron diez tonadas agudas y dos bajas: eran las diez y media de la mañana.

La reunión litúrgica, ciertamente, estaba cargada de nostalgia y recuerdos. Mons. César Ramón Ortega H. se transportaba a sus recuerdos. Con toda seguridad, cada uno de los presentes, también, vivía uno y muchos. Mezclados unos, y, definidos, otros, pero recuerdos de acuerdo con su experiencia en el trato con los Obispos a quienes venían a manifestarle su acompañamiento sentimental. De hecho, se habían dado cita para eso y allí estaban. De entre los sacerdotes estaban Mons. Oscar Rodríguez, ordenado sacerdote por Mons. Paparoni. También, Mons. Carlos Vina, Mons. José M. Romero, Mons. Luis Alberto Rolón; los Presbíteros Daniel Albarrán, José Gregorio Medina, Omar Salazar, Alfredo Jiménez, Enrique Ovies. Todos ordenados por Mons. Maradei. Mons. Jorge Calderon y Mons. Pedro Espinoza, ordenados por Mons. Ángel Pérez Cisneros. Y, los presbíteros Enrique Castro, Enrique Villalba (Maestro de Ceremonias), José G. Guaina, Andrés Arcila.

Terminó Mons. Ortega elogiando la obra y el atino de Mons. Luis Alberto Rolón junto con el padre Enrique Castro en su desempeño como párroco y co-párroco, respecivamente, de la Catedral y la consecución de este trabajo de justicia para con los Obispos aludidos.

A las diez y treinta seis minutos terminó sus palabras Mons. Ortega y se procedió a la continuación del rito litúrgico. Justo a las diez y cuarenta y cinco minutos, así lo indicaban las tonadas agudas y bajas del reloj de la Catedral, se estaba diciendo: ***Levantemos el corazón/Lo tenemos levantados hacia el Señor***.

Cuando debieron sonar otra vez las campanas indicando que serían las once de la mañana, no se percibieron porque en ese momento, se estaban dando todos el abrazo de la paz. Y nadie se percató de la música del reloj y con ello del tiempo, como si el tiempo y su medida nos diera tiempo del percatarnos de ello, sino cuando ya es tarde para remediar lo irremediable del tiempo, aunque, solo para la nostalgia y los recuerdos. Cruel verdad dulce y amargamente plasmada en el libro del Eclesiastés.

Después de las oraciones y bendiciones finales, de acuerdo con los parámetros litúrgicos, se procedió a llevar los ataúdes de los Obispos al lugar preparado para ellos. Antes, Mons. Oscar Rodríguez tomó la palabra para hablar de Mons. Paparoni y

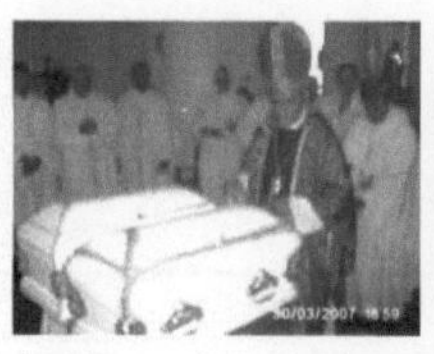
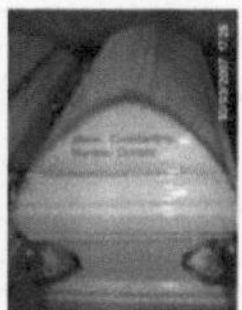

expresó sus impresiones sobre el acto que se estaba celebrando, en las que resaltó la ausencia de los familiares y algunas características de Mons. Paparoni. Muy cargado de emociones se dejó entrever el aprecio por Mons. Paparoni. Y, en estos casos, cada quien habla de sus impresiones, que no son más que nostalgia y nostalgia, en donde hasta pareciera que los tiempos antiguos fueron mejores que los actuales. Pero, se entiende, porque la nostalgia pareciera que nos cierra al presente y al futuro. Y es que no podemos evitar quedarnos con nuestros tiempos buenos, que son todos, aún los actuales. Pero, que hasta nuestra mente nos puede hacer una jugarreta y nos arranca lágrimas al no querer comprender conscientemente que tiene mucha razón el poeta al decir, que "*atrás queda la huella que nunca se ha de volver a pisar*", en "*caminante, no hay camino; se hace camino al andar*".

## DESCRIPCIÓN DE SU ESCUDO EPISCOPAL

Su Escudo Episcopal, como primer Obispo de Cabimas:

| «ESCUDO DEL EXCELENTISIMO Y<br>REVERENDICIMO MONSEÑOR<br>DOCTOR CONSTANTINO MARADEI DONATO,<br>PRIMER OBISPO DE CABIMAS» |
|---|

### *DESCRIPCION HERALDICA DEL ESCUDO:*

«De forma español acampanado (escudo de arco conopial al revés o cuadrilongo corriente) con una banda flotante en la que aparece la divisa:

| «OPORTET ILLUM REGNARE» |
|---|

Con timbre tiene un sombrero eclesiástico en sinople, guarnecido de cordones de seda del mismo color, entrelazados, y con tres ordenes de borlas, también en sinople, puestas 1,2 y 3 descendente.

Bajo el sombrero y sobre el escudo, también a manera de timbre, mitra, cruz simple tremolada y báculo, colocados derecha, centro e izquierda, respectivamente. Los tres elementos dichos en oro y el báculo pastoral vuelto hacia afuera para denotar jurisdicción. La mitra con sus dos ínfulas en plata.

En el primero, que lleva bordura en oro, sobre el campo de sinople, tres flores de lis, las dos de jefe en plata y la de punta en oro. En el tercero, sobre fondo de gules, ocho tronillos o roeles de azul, cargado cada uno con estrellas y fileteados en oro, ubicados así: el primero, una y medio veces mas grande que los demás, en el punto de honor: el segundo y tercero, en el flanco diestro y siniestro, repetidamente; el sexto, séptimo y octavo, en el cantón siniestro de la punta, respectivamente; y tercero y octavo, respectivamente.

En el cuarto, que lleva bordura en oro, sobre el campo de sinople, un águila de oro. Sobre el todo, que va fileteado en oro, sobre fondo de azul, una cruz de Santiago en gules fileteada en plata.»

## *SIMBOLO DEL ESCUDO:*

El escudo del Excelentísimo y Reverendísimo Sr. Obispo de Cabimas es un ideograma que se explica así:

La divisa de la banda flotante tiene un doble significado. En efecto, a la vez que el lema -- tomado del Escudo del Excelentismo Señor Doctor Miguel Mejías, antiguo Obispo de Guayana – sirve para rendir un homenaje de afectuoso y filial recuerdo a este ultimo Prelado, bajo cuyo Episcopado se inició el sacerdocio del Obispo de Cabimas, su significado intrínseco: «*ES PRECISO QUE ÉL REINE*», pretende indicar hacia donde habrá de dirigirse el Episcopado del nuevo Príncipe de la Iglesia: el Reino de Dios será el propósito, la razón y la meta de su función pastoral.

El primer cuartel tiende a representar la geografía De la nueva Diócesis encomendada al Prelado, al tiempo que quiere simbolizar el patrocinio y la condición fundamental que orientarán el Episcopado hoy naciente. El sinople o verde representan el agua y el oro la riqueza. La Diócesis de Cabimas, limitada en toda su extensión por las aguas del Lago y llena en toda su superficie de riquezas mineras y agrícolas, ha determinado la inclusión de los esmaltes de la bordadura y el campo del cuartel en referencia como símbolos, en la acepción antes expuesta, de esos primarios y fundamentales rasgos del paisaje cabimense. Quiere el Obispo que su Pontificado se desarrolle bajo el patrocino y Protección de la Santísima Madre del Señor, en las Advocaciones de Nuestra Señora de las Nieves y Nuestra Señora del Rosario, Vírgenes ambas ligadas, a un pasado sacerdotal del Prelado y la otra, al futuro episcopal del mismo. Por ello, en jefe, aparecen dos lirios blancos, símbolos de la Excelsa Madre de Dios y de su pureza. El tercer lirio, Ubicado en punta y con esmalte en oro, representa, Según antigua tradición que data del Papa Paulo III, la presteza con que el Obispo habrá de defender los sagrados derechos de la Iglesia, al mismo tiempo que, interpretado en el sentido heráldico de fidelidad, simboliza también el oro de lirio la absoluta sujeción y acatamiento a la Sede Apostólica que habrá de ser el punto de apoyo y referencia de la misión pastoral del Excelentísimo y Reverendísimo Sr. Constantino Maradei Donato El segundo Cuartel expresa cual será la actitud del Obispo frente a sus hijos. El gule rojo es símbolo de amor. Este sentimiento será, contra todo Obstáculo, el que guíe al Prelado en cada instante y en toda vicisitud propia o ajena. El castillo denota en heráldica asilo, protección y salvaguardia. También quienes llevan oro en su escudo vienen obligados a amparar a los desvalidos y socorrer a los pobres. El castillo de oro reúne todos estos significados y los resume en una virtud: la Caridad, promesa de desprendimiento y entrega a todos por medio del amor.

El tercer cuartel es un tributo del Obispo a la Tierra que lo vio nacer: Guayana, «*Mi octava estrella*» como la llamó Bolívar.

El cuarto cuartel, oro, verde y águila. Simboliza el poder, la autoridad y la soberanía. La benignidad de Nuestro Santo Padre, Paulo, Papa VI, ha elevado a Cabimas a la lata jerarquía de Diócesis y, mediante la persona de su Primer Obispo, la ha hecho penetrar en el Cenáculo excelso del Colegio Apostólico. Justo es, en consecuencia, que la soberanía de la nueva Diócesis, únicamente subordinada al Santo Padre, y a la autoridad de su Obispo queden Consignadas en el Primer Escudo episcopal de esa Ciudad.

El escudete o sobre todo, que sirve para poner las armas o blasones Principales del escudo, contienen en este caso la Cruz, pieza honorable de la heráldica y símbolo supremo de victoria y redención en el cristianismo. Su forma de Santiago y su color de gules, típica forma y, color de las cruces son un reconocimiento al ancestro españolas preponderantemente hispánico del pueblo de Cabimas, un testimonio de gratitud a España que, junto a su lengua y su cultura, supo traer en la mano del misionero la Cruz de fe y de Salvación».

# Material fotográfico

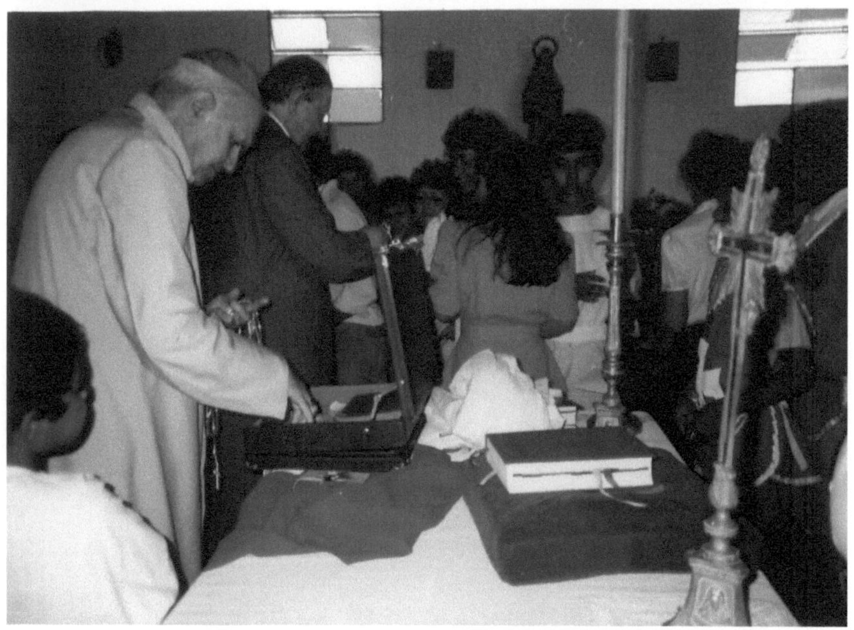

INDICE

PRESENTACIÓN Y OTROS DETALLES ÚTILE DE CUANDO SE ESCRIBIÓ ESTE LIBRO: .......... 5
Respecto al título del libro: .......... 5
Respecto a las circunstancias de cuando se escribió el libro: .......... 6

ALGUNOS DATOS BIOGRÁFICOS .......... 10
Precisión del punto de partida: .......... 10
Datos biográficos elementales: .......... 11
Obispo de Cabimas: .......... 13
Obispo de Barcelona: .......... 13
Libros escritos: .......... 13
Artículos escritos: .......... 14
Condecoraciones: .......... 14

SU ASPECTO HUMANO .......... 16
La primera impresión: .......... 16
Su sentido práctico de la vida: .......... 17
Su capacidad de humillarse: .......... 19
Su amor por el clero: .......... 20
Mons. Maradei y la aplicación del "diálogo" que se da en la parábola del hijo pródigo: .......... 22
No delega responsabilidades: .......... 22
No dilata en la espera: .......... 27
Sus paquetitos de comida para la gente todas las semanas: .......... 29
Su apostolado de «la recomendación»: .......... 30
Cada cosa en su lugar: .......... 34
Cada cosa en su tiempo y lugar: .......... 35
Sobre la Teología de la Liberación: .......... 39
La estrella "Aldebarán" y la relación con su secretario: .......... 40
Mons. Maradei y la aplicación de las ideas principales del Concilio Vaticano II: .......... 43
Un adelantado a los tiempos: .......... 44
Algunos otros chismes de interés: .......... 45
Los refranes son evangelio chiquito: .......... 52
Otros detallitos más: .......... 52

MONS. MARADEI Y SU APORTE A LA HISTORIA .......... 54
El Obispo y la historia: .......... 54
El obispo y el bolivariano: .......... 56

EL OBISPO ESCRITOR DE LA JUSTICIA .......... 60
Tema problemático: .......... 60
El compromiso y el deber de la justicia .......... 62
La justicia es doctrina para la iglesia: .......... 62
La justicia y la tenencia de la tierra en Venezuela: parte conflictiva del libro: 63

La propiedad privada: 63
Llamado a retractarse: 64
Crítica a la Iglesia Venezolana: 64
A modo de conclusión de este apartado: 65

MONS. MARADEI Y SU PEDAGOGÍA EN LOS ARTÍCULOS DE PRENSA 67

EL OBISPO Y EL MÚSICO 70

PUEDO CAMINAR DESCALZO, PORQUE NO HE SEMBRADO ESPINAS 73

Crónica histórica del día del traslado de los cuerpos de Mons. Constantino Maradei y de Mons. José Humberto Paparoni al lugar preparado en la Catedral de Barcelona 75

DESCRIPCIÓN DE SU ESCUDO EPISCOPAL 80
DESCRIPCION HERALDICA DEL ESCUDO: 80
SIMBOLO DEL ESCUDO: 81

Material fotográfico 83

www.ingramcontent.com/pod-product-compliance
Ingram Content Group UK Ltd.
Pitfield, Milton Keynes, MK11 3LW, UK
UKHW041928190726
13854UKWH00004B/1511